JN317890

新潮新書

福留真紀
FUKUTOME Maki

将軍と側近

室鳩巣の手紙を読む

598

新潮社

将軍と側近　室鳩巣の手紙を読む　目次

室鳩巣（国立国会図書館所蔵）

プロローグ――徳川政治への招待

将軍とその側近

享保四年（一七一九）正月。時の八代将軍徳川吉宗に仕える儒学者室鳩巣《むろきゅうそう》は、六代家宣・七代家継の側近を務めていた間部詮房《まなべあきふさ》の屋敷に、年始の挨拶に出かけた。ところが、間部邸の門前には、車馬の跡もなく、挨拶に来た人も、鳩巣のほかには見えない。間部が国元にいて不在とはいえ、何と寂しいことだろう。以前は、誰もが間部邸に押し寄せていたというのに。

時代は、変わったのだなあ。

――時世の移替候事よ

鳩巣の胸は痛んだ。

仕えていた将軍が亡くなった時、側近であった間部は共に政治力を失い、政治の第一線から退いた。彼の権力を頼りとしていた者たちは、離れていったのである。しかし一方で、同じように前政権の中枢にいた、幕府官僚のトップである老中は、吉宗政権になっても誰一人政治生命を失うことはなかった。

政権交代時に運命を分ける、将軍側近と老中。この両者に注目しながら、徳川幕府の政治世界を見ていこうというのが、本書のアプローチである。

それでは、約二百六十年もの長きにわたって続いた江戸時代において、その政治は誰によって動かされていたのだろうか。

「将軍である！」と断言すると、異論が出るかもしれない。確かに、十五人の顔触れを思い浮かべると実に様々で、七代家継のような幼少な者や、九代家重のような病弱な者など、自ら政治的手腕を振るえたとは考えにくい者もいた。それればかりではない。四代家綱の時代には老中制度が成立し、将軍は、整備された政治機構の中で、上申されてくることを承認さえすれば、政治が動いて行く体制が形成されたといわれている。となると、将軍の権力は、幕府機構の発達により縮小してしまったのだろうか。

さにあらず。それ以降も、五代綱吉に側近として仕えた柳沢吉保や、冒頭に登場した間部詮房のように、将軍が新しい家を抜擢することも少なくなかった。つまり将軍は、すべてを超越した政治権力を所持しているのである。そして、そもそも身分的な裏付けがなかった者が、諸大名に指示を出すことができるのは、将軍権威の後ろ盾があるからだ。それは、それまでの歴史的経過から家柄により老中に位置付けられている者たちも同様である。将軍の信任があり、将軍の命を具現化する存在として見なされているからこそ、諸大名は彼らに従うのだ。つまり、幕府政治権力は将軍権力そのものだといえる（山本博文「総論　将軍権威の強化と身分制秩序」）。たとえ幼かったり、病弱であったりして、政治に直接携わることができなくても、それは老中を筆頭とした実動部隊が行うため、幕政運営という点での影響は少ない。「権威」として、存在していることこそが、最も重要な将軍の役割なのだ。徳川幕府を動かしているのは、やはり「将軍」なのである。

そのような幕府の政治世界を解明するに当たり、注目すべき存在が「将軍側近」である。ここでの「将軍側近」とは、「将軍の側近くに仕える人の中で、その存在が将軍に政治的影響力を持った人。将軍の意志を伝達する人」を指す。将軍の存在こそが、幕府政治権力の根幹にあり、その側近は、将軍の意志の伝達者である。つまり、将軍が権威を発揮するのみの存在であったのか、または政治的手腕を自ら示したのかといった、将軍のあり様を、意志の伝達者である側近が政治世界にどのように関わるかを検討することで、解き明かすことができるのである（福留真紀『徳川将軍側近の研究』）。

時代の流れの中で、常に変化する存在、幕府政治史の変遷を映す鑑である「将軍側近」。その移り変わりから、幕末の混乱期は別にして、江戸時代は三つの時期に分けて考えることができる。

①初代家康から四代家綱まで

この時期の将軍側近は、幕府の中枢における政治の担い手である。つまり、初代家康に仕えた家臣たちが幕府の諸職を構成しているし、生まれながらの将軍であった三代家光・四代家綱の場合は、幼少時から仕えていた側近が、将軍就任時より政治中枢に関わる役職に就いている。代表的人物には、家光政権期で「知恵伊豆」と呼ばれた松平信綱や、家光と衆道の関係にあったとも言われる堀田正盛などが、挙げられよう。幕府官僚と将軍側近が同一で、分化していない時代である。

②五代綱吉から八代吉宗まで

綱吉・家宣・吉宗には、前将軍の嫡子として将軍になるべくしてなったのではなく、外からの就任という共通点がある。家綱政権期に確立したといわれる政治機構の中で、将軍自身が政治的手腕を発揮するためには、自らの側近が必要となった。それが、綱吉〜家継の「側用人」（柳沢吉保、間部詮房ら）、吉宗の「御側御用取次」（有馬氏倫、加納久通ら）である。彼らは「役職」ではなく（それぞれの時期の幕府の公式記録には、「側用人」「御側御用取次」という役職名がない）、将軍就任以前からの子飼い

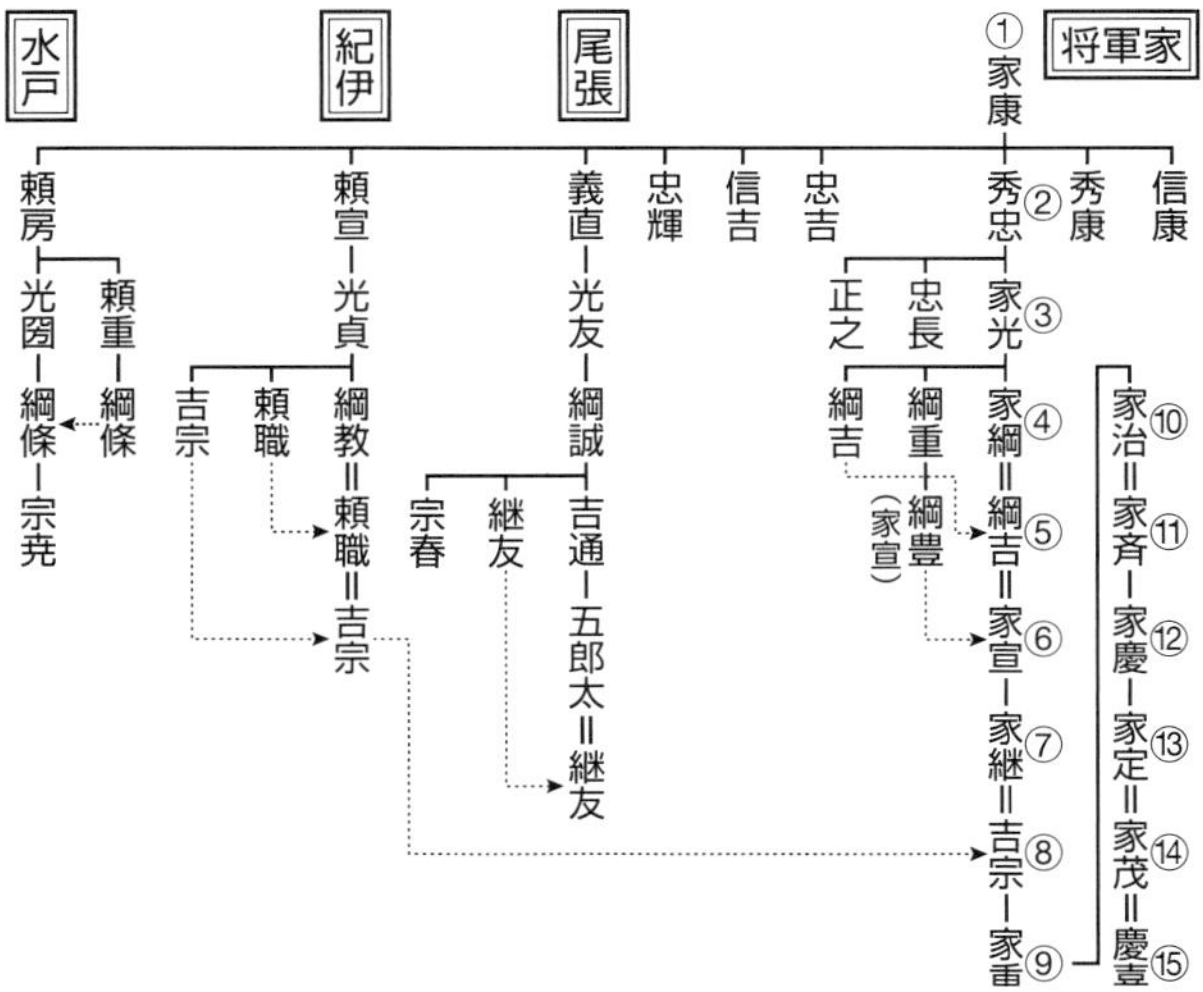

系図1　徳川将軍家略系図（『徳川諸家系譜』より作成）

で懇意な家臣というように、将軍との人間的繋がりから成り立っている存在であった。また、彼らの権限は、「奥向」のこと（将軍の私事に関する職務）と「裏」の世界（根回しの政治構造）に限られる。老中を筆頭とする官僚組織とは「裏」において共存したが、「表向」の政務（江戸城の政治・儀式空間である「表向」に所属している役職の者が中心となって行う政務）の部分にその権限を発揮することはできなかった。つまり、幕府官僚と将軍側近が分化し、関わりながら政治体制を動かしていた時代、ということができる。

③九代将軍家重以降の側近

家重の側近である大岡忠光は、宝暦四年（一七五四）三月一日に御側御用取次より奥兼帯若年寄、同六年五月二十一日に側用人に就任している。これ以降、御側御用取次と側用人が共存する時代となった。ただし、「側用人」は常に任命される存在ではなくなった。そして、この時期に「御側御用取次」「側用人」が幕府の公式記録の中でも役職名として記されるようになっている。

また、側用人の多くが若年寄や奏者番兼寺社奉行から就任し、側用人退任後は、ほとんどが老中になる。つまり、幕府官僚のトップである老中への昇進コースに組み込まれ

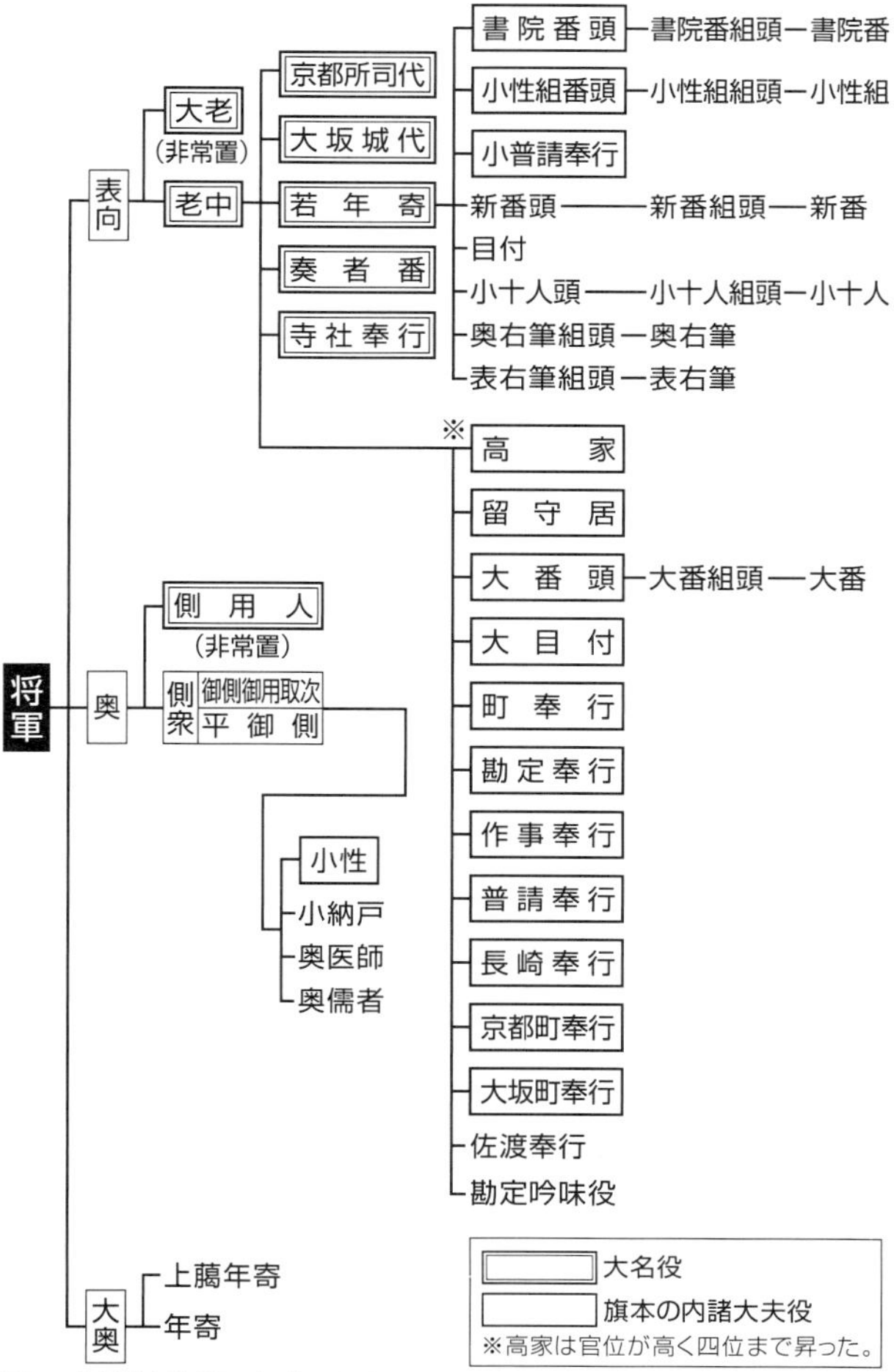

図1　徳川幕府職制図（深井雅海『江戸城』より引用）

たのである。加えて、側用人が非常置となったことからみても、「将軍」の側近くに必ずいたこれ以前の時期の「将軍側近」としての特徴は、主に御側御用取次に受け継がれ、側用人自体は官僚組織に組み込まれていったと解釈できよう。

しかし中には、田沼意次・水野忠友・水野忠成のように、老中に就任後も奥向の御用を務めることを命じられている者もいて、これらの者は、「表向」「裏」「奥」の世界をすべて網羅することにより、絶大な権力を握る事となった。

本書では、以上の分類のうち、②の時期に含まれる六代将軍徳川家宣から八代吉宗の時代を取り上げる。この時代は、老中が、幕府官僚として成立し、将軍側近と役割を別にしながら、両者が関わりあい、政治を運営している。その関係性は、その時の将軍の姿まで映し出す。ただ、この将軍側近と老中の関わりは、幕府史料の中には、なかなか見えにくい。新たな政策の施行を例に取れば、幕府の公式記録に残るのは、決定した政策自体や、それに関する事務手続きであり、その過程で、将軍やその側近、老中の間でどのようなやり取りがなされ、いかなる思惑が飛び交ったのか、などは記載されてはいない。特に、将軍側近については、先に述べたように「奥向」での職務を主体とし、

「裏」の世界では老中との共存があったが、その様子が「表向」の史料に具体的に記されることはないのである。

しかし、本書で取り上げる時代には、その幕府内の人間関係まで、見ることのできる史料が現存している。

「兼山秘策」である。

青地兼山・麗澤兄弟と「兼山秘策」

「兼山秘策」とは、正徳元年（一七一一）三月二十五日より幕府に仕えた儒学者室鳩巣から、その門人で加賀藩に仕える青地兼山（斉賢）・麗澤（礼幹）兄弟に宛てた手紙を主とする書簡集で、青地兄弟が編纂したものである。期間は、正徳元年から享保十六年（一七三一）までで、全八冊ある。

弟の麗澤によれば、兄弟は、鳩巣からの手紙をそれぞれ写し、「兼山秘策」「麗澤秘策」と題して保管していた。ただ、幕府内部の事象など、外聞を憚《はばか》る内容も含まれており、兄弟で死後に焼却する約束をしていた。先に亡くなったのは兄の兼山。享保十三年十二月二十五日のことである。享年五十七。ところが弟の麗澤は兄の手跡を見て、焼却することができなくなった。そして、自らの写しの方を処分し、その後は、兄の残した「兼山秘策」に書き加えたという。また、鳩巣の書簡をすべて「秘策」にまとめたのではなく、世事に疎い者が知るべきことや、経書の内容に関することについては、「可観小説」の方に収載したとのこと（「兼山秘策」第八冊）。

なお、「兼山秘策」には、鳩巣が青地兼山・麗澤兄弟以外の加賀藩士に宛てたものや、藩士同士やりとりした書状も記録されている。その中には、江戸滞在中の麗澤から、兄の兼山に送った書状も散見する。第二部第四章で詳しく取り上げるが、鳩巣は、吉宗の政務の相談に深く与《あずか》るようになると、初めの内は多忙から、後には誓詞を提出したことによる秘密厳守の立場から、自ら政治向きのことを書状に認《したた》め、加賀に書き送ることが少なくなっていく。代わりに、江戸にいた麗澤が、鳩巣と話したことを兄に知らせるようになる。

兄弟が死後焼却すると約束していた「秘策」。そこには、そうしなければならないほどの幕府の秘密が記されていたのである。そのような情報を得ることができた室鳩巣とは、どのような人物だったのだろうか。

室鳩巣という人

室鳩巣は、万治元年（一六五八）二月二十六日、江戸谷中に医者の息子として誕生した。寛文十二年（一六七二）から、加賀藩前田家に仕え、主君の命により、そのころ京都にいた儒学者の木下順庵の門人となった。当時のエピソードも「兼山秘策」にみることができる。

それは、十八歳のころ。鳩巣は、北野天満宮への願書を準備した。

名を後世に掲げて、父母に名声を捧げるのは「孝」です。いいかげんに生きるのであれば、百歳生きながらえても何の価値もありません。文章をして、天下に聞こえる者に成れますように、神の助けを願います。

——名を後世に揚て父母に令名を遺すは孝の一事なり、むなしく生候ては百歳を保ちても何の詮も無之候、文章を以て天下に聞へ候様に神助を奉願候

学問により天下に名を轟かせ、父母に孝行したい。若く、野心に満ち溢れる鳩巣の姿が目に浮かぶようだ。一日徹夜で祈願したく思っていたが、北野天満宮の辺は遊女町が

多いため、若年の間は順庵や学友たちの耳を憚っていた。二月頃にようやく順庵の許可を得て、参詣したのである。願書を内陣へ捧げ、こもり屋の中でただ一人参籠していたところ、社僧が、行燈と竹筒に油を入れたものを添え、夜着も貸してくれた。しかし鳩巣は、七日七夜も参籠する者が居るのに、たった一夜である自分は寝る必要はないと、横にならなかった。十代の鳩巣の一途さが伝わってくる。

深夜、しきりに眠気におそわれたので、両手を組んで額を乗せて、少しうつらうつらしていたところ、内陣より黒い雲が巻き起こり、全身を覆うように感じて目が覚めた。鳩巣は、神に心が通じたと思い、いよいよ昼夜学問に励んだという。

その後鳩巣は、加賀藩でも儒学者として重用され、正徳元年（一七一一）三月二十五日、同門の新井白石の推挙により徳川幕府に仕えるようになる。家宣・家継・吉宗の三代に仕えたが、将軍のブレーンとして活躍するようになるのは吉宗政権期である。そのため、家宣・家継政権期の「兼山秘策」における幕府政治の記述は、白石を通して聞いた話や、白石との議論の内容が多い。

なお、先の北野天満宮の話は、享保四年九月、鳩巣が青地麗澤に問われて語ったものである。その際言うことには、加賀藩で重用されて、文章の御用を務め、江戸へも召し出されたことから見れば、菅廟（菅原道真の霊廟）へはすぐに御礼を申し上げるべきだが、薄給の身では力が及ばない。せめて一月に一度ずつ参拝するよう、近年になって心がけており、毎月二十五日には、湯島天神の廟に参拝しているとのこと。八月二十五日には、雨に濡れて、歌を詠んだ。

村雨の　かゝれる袖に　おもへとや
　神もぬれきぬ　きにしむかしを

吉宗政権に用いられるまでになった、壮年の鳩巣。濡れ衣の連想から、道真に思いを馳せているようだ。具体的な活躍ぶりは、第二部第三・四章でみていきたい。

その後鳩巣は、同十年十二月十一日に、西丸の奥儒者となる。次期将軍となる家重とその近習の学問指南役を務めることになったのである。この時六十八歳。体の痛みも出てきていたようで、役替えにより出仕の日が減り、勤務が緩やかになったことに安心している。他に変わったことと言えば、「奥詰」になったことで、外部の人との交際についいて、そのたびごとに届け出が必要になっている。もと主家である加賀藩前田家については、これまで通り寒暑見舞いには参上するものの、饗応の席は、遠慮するとのこと。

また、青地麗澤が伝えるところによると、就任の際に提出した誓詞に「妻子にも内々のことを漏らさないこと〈妻子不相洩趣の儀〉」とあったため、職務内容について鳩巣に尋ねることができないとか。ただ、家重の近習はみな寛容で、兄かおじを介抱する様に接してくれ、詰所には大きな火鉢、各部屋にもいくつも火鉢があり、悠々と勤務しているという。

しかし、そんな鳩巣も寄る年波には勝てなかったようで、同十三年には、手がしびれて痛み、呼吸が浅くなり、江戸城内を歩くにも息切れがすることから、退任を申し入れる。一度慰留されるが、同二月二十一日には、任を解かれ、体調の良い時だけ出仕するよう言われている。鳩巣は、西丸勤務を始めてあまり時がたっていないにもかかわらず、高齢であるため希望が認められたことに感激している。ゆっくり保養できると安堵していたとか。

鳩巣は、同十九年八月十四日、七十七歳の生涯を閉じた。

なお、鳩巣の高弟には、青地兄弟の他、奥村修運・奥村忠順・小寺遵路・小谷継成・山根敬心がおり、室門七才と呼ばれた。この内の多くは、書状の差出・宛先として「兼山秘策」に登場している。

鳩巣の眼から

先にも述べたように「兼山秘策」は、正徳元年(一七一一)から享保十六年(一七三一)まで、ほぼ、室鳩巣が幕府の儒者を務めていた期間の書簡集である。家宣・家継・吉宗政権期に該当し、特に吉宗政権期は延享二年(一七四五)まで続くので、高校の日本史の教科書にも登場する享保の大飢饉(享保十七年)や、元文の貨幣改鋳(元文元年〈一七三六〉)、公事方御定書の完成(寛保二年〈一七四二〉)などは、いずれも「兼山秘策」の期間の後である。そのため、三つの政権における徳川政治を網羅的に見ていくことはできない。

本書の目的は、この三つの政権にまたがり、幕府の儒学者という比較的将軍に近い位置で、幕府政治を見つめてきた「室鳩巣」という一人の人物の眼を通して、政治家たちの人間模様を見ていくことにある。

この時期は、役者ぞろいでもあった。家宣から家継政権期には、ブレーンとして活躍した新井白石がいる。彼は、家宣が将軍になる前からの学問の師であり、彼が幕府政治の舞台に登場したことで、それまで代々儒学者として幕府に仕えていた林家が干され、対立を生む。

間部詮房も、家宣の甲府藩主時代から仕え、次代の家継まで二人の将軍の忠実な側近であり、家継にとっては守役ともいえる存在であった。老中の中には、将軍と親密な関係を築いていた間部を、快く思わない者もおり、彼らに林家が結び付く。この嫉妬心も垣間見える足の引っ張り合いが生々しい。

白石や鳩巣による幕閣の人物評も毒舌で、特に、老中土屋政直の俗っぽさが面白い。ほかにも、かわいらしい将軍家継の姿も見逃せない。幼少将軍を頂くと、政治はどのように動かされるのか、注目である。そして、何と言っても個性派将軍吉宗の存在に圧倒される。彼を支えた側近の一人が、御側御用取次の有馬氏倫。彼もまた、老中とぶつかり合うのである。

なお、これらの時期の内、家宣・家継政権期について見ていくには、新井白石の『折たく柴の記』の方が、読者の皆さんには御馴染だろう。特に、白石の動向については、そちらを読み解く方が簡便だと考える方もいらっしゃると思われる。しかし、白石が『折たく柴の記』を書き始めたのは、吉宗政権期となった享保元年十月四日のことで、白石が自らの幕府政治との関わりを回顧し、後世に残そうとする考えのもと執筆したものである。それに対して「兼山秘策」は、リアルタイムに、鳩巣が見聞きしたことをその都度書き送ったものであり、現代でいえば、前者は引退した政治家が晩年に書いた回顧録、後者は政治記者による日々の報道やそれを基にした政治学者の評論、ということになろうか。歴史的事象の真相を明らかにしていくためには、その両方が必要であり、それ以外にも、様々な立場の人物による評価や、時代を経てからの解釈など、多くの史料をもとに多角的に分析していくことが必須なのは、当然である。しかし本書で、後者である「兼山秘策」にこだわり、それを中心に著述するのは、政治に向けられた当時のできるだけリアルなナマの声を大切にするということと、室鳩巣という一人の儒学者の眼を通して大きな時代の流れを見ていくところに、重きを置いたからである。政治家や政策の評価は、時間の経過とともに、移ろうものである。それを、鳩巣の視線というフィルターで切り取った。そのようにしたのは、現代を生きる私たちが、政治を見つめている視線と似ているのではないか、と考えた結果である。

さて本書では、将軍との人間関係を基盤とし、将軍が変われば政治の表舞台を去るという性質を持つ「将軍側近」と、政権が変わろうとも、幕府官僚として役職のトップに居続ける「老中」とのせめぎ合いがポイントとなる。江戸時代の政治機構の成立過程を

「人」から「職」へと表現することがあるが（藤井譲治『江戸幕府老中制形成過程の研究』）、この時期は「人」そのものの「将軍側近」と、すでに「人」から「職」へ変貌を遂げていた「老中」がいたのである。だからこそ起こる両者の衝突から、幕府政治の本質が見えてくる。

江戸時代中期は、平和・安定の時代ともいわれ、現代を投影して見る向きも多い。老中を筆頭とした官僚組織が、将軍側近とはっきり分化し、対立、時には協同しながら政治を運営するというこの時代を見ていくことで、政治の安定や、支配者の権威を支えるために何が必要なのか、現代にもつながる何かが見えてくるだろう。

「兼山秘策」に描かれた世界は、江戸中期の政治世界そのものである。室鳩巣に導かれながら、生々しい人間関係を読み解き、現代の政治世界にも思いをはせていただきたい。

※ 多くの方に、当時の史料を味わっていただきたく思い、史料は意訳している。なお、書状の差し出し、宛所、年月日については、内容に関わらない限り、煩雑になることを避けるため、記さなかったことをお断りしておきたい。また、年齢は数え年である。

第一部　徳川家宣・家継の巻

徳川家宣（徳川記念財団所蔵）

徳川家継（徳川記念財団所蔵）

第一章　理想論者・徳川家宣

いそがしい新井白石

室鳩巣「お元気そうですね。めでたいことです」
新井白石「決して快調ではありません。この間も、気分がすっきりしなかったので、四花灸などを据えて、薬も飲みましたが、良くなりませんでした。全身がしびれて頭が重く、気持が塞いでいます」
鳩巣「それはご心配ですね。しびれというのは、一時的なものでは無いと存じます。絶え間なく働いておられるので、気分が塞ぐのではないでしょうか。少し養生されてから、末永く御用を御勤めになられますように」
「兼山秘策」に記されている最初の書状の冒頭の一場面である。正徳元年（一七一一）

九月十一日、室鳩巣は、新井白石の家を訪ね、二時間ほど話をした。体調を崩している白石。それを気遣う鳩巣は、休養を勧める。
しかし白石は、そういうわけにはいかない、と答えている。その理由は、家宣の政治手法にあった。白石は言う。

この間、間部越前殿（詮房）が、私にどうか出てきてくれるようにと、相談の事項を自筆で一つ一つ書いて寄越されました。私が出かけて、直接話し合えば済むことだったので、自宅にいて書状で処理することはできませんでした。「一日万機《いちじつばんき》（一日の中でもいろいろの事が起こる意で、天子を一日も怠ることのないように戒めた語。転じて、一日の多くの重要な政務〈『日本国語大辞典』〉。これ以降『日国』と称する）」とある通りでございます。諸国への最重要政務は、古来の例から考えて一つ一つ申し下します。それでうまくいか

新井白石（早稲田大学図書館所蔵）

ないところは、重ねて詮議し、申し遣わすことになります。上様は、少しでも未決事項があるのをお嫌いになるので、上より仰せられたこと、下から申し上げたことも一々書いて、詮議の上決定します。最後にその結果を詳しく書き付け、老中・諸役人・諸国へ下すのです。今度の朝鮮通信使来聘のことでも、多忙にしております。手伝う者がいれば勤めやすいのですが、手伝いを頼めば、まだ決定していない段階で外部に情報が漏れてしまうので、まずは、何もかも私一人で勤めます。その様子が、間部殿と二人で、上様（家宣）のお相手をしているように見えるのです。上様の御威光に任せて執り行えば、諸役人に伝達して事が済みます。御先代（五代将軍綱吉）などは、そうされていました。しかし上様は、少しでも無理をして命令することを非常にお嫌いになり、何もかも理を尽くされるように御自分でも勤められています。上様さえこのようなので、私どもはどんなに御許し下さっても、こちらからまったく休息しようという気持ちはございません。

つまりは、白石が先例を調べ、それだけではうまくいかない場合は、間部を交えて、家宣と詮議を重ね、出た結論を老中らに書付にして渡すという方法である。将軍家宣とその側近により政治が主導されているのだ。深井雅海氏の研究によると、老中の御用部屋や、間部の手元で作成された記録を分析すると、老中と談合した事例はわずかで、そのほとんどは、法令や達を老中へ伝達するのみであり、老中奉書まで間部の起案により伝達されていたことが明らかになっている（深井雅海『徳川将軍政治権力の研究』）。

白石の発言に見える「今度の朝鮮通信使来聘」というのは、家宣の将軍就任のお祝いとして正徳元年に来日する朝鮮通信使のことを指している。

この時の通信使は、これまでのものとは大きく違った。白石がその接待儀礼を改めようとしていたからである。通信使に対して、過度に丁重だった日本側の接遇の格を落とそうとするもので、当然、朝鮮側は抵抗し、随所で、日本との衝突が見られた。正徳元年九月二十二日、大坂に到着した通信使のもとを、対馬藩主宗義方が訪ね、幕府の接待・儀式の変更を伝えた際には、朝鮮側は前例を楯にそれを受け入れようとはしなかった。解決を見ぬまま、夜明けを迎えようとする頃、対馬藩江戸家老の平田真賢は、自分の刀を抜き、三度刀身を丁寧にぬぐい、再び鞘に収めたという（『対馬人物志』）。日本側の覚悟を示したわけである。朝鮮側は熟慮の末、最終的には、日本側の要請を受け入れた。

そして、それらの衝突の最たるものが、日本側からの返翰《へんかん》をめぐって起こった「犯《はん》諱《き》」の抗争である。

十一月一日。江戸城において国書捧呈の儀式が行われた。その後十一日に、「辞見の式」で、朝鮮からの国書に対する家宣の返翰が渡されたが、書中に朝鮮国王中宗の諱の「懌《エキ》」が使用されていたため、朝鮮側からクレームがついた。国王の名を犯されたというのである。しかし、日本側は十三日に、朝鮮側の国書にも、三代将軍家光の「光」という字があることを指摘し、家宣の返翰は変更の必要が無いと告げた。これは白石の意見だったという。しかし、朝鮮側はあくまでも抵抗を続けたため、十六日には、朝鮮御用掛であった老中土屋政直の諭書が、対馬藩主を通して、朝鮮側に示された。つまり、『礼記《らいき》』に諱は五世までとされているので、七世前の国王である中宗の場合は問題ないが、家光は現将軍の祖父であるので、こちらは不当である。朝鮮国書を訂正するならば、日本も改める。そして、訂正した国書の交換の場所を対馬としたい、との内容である。緊張の外交。両国のつばぜり合いは続いた。

しかし、筋を通す白石とは違い、老中らは朝鮮側の機嫌を損なわず、儀式が滞ることなく施行されれば良いと考え、白石が余計なことを言い出して、状況を混乱させている、との見方をしていた。通信使には、土屋政直が、白石を斬殺しようとしているとの噂まで聞こえていたという（山本博文『対馬藩江戸家老』）。

土屋の諭書の内容は、まさに白石の手によるものであった。担当老中が納得していない方法がまかり通っている実態。これは、白石の発言にあるように、白石と間部の二人で家宣のお相手をしながら、政治向きのことを決定しているからなのである。

しかし、だからといって、家宣は自らの政治権力を前面に出して、政務を動かすような強引な手法は好まなかった。一つ一つ丁寧に、理を通して物事を遂行したのである。そのようなわけで、白石の負担は大きく、しばらく保養するなどということは、考えられなかったのである。

家宣の政治姿勢

続いて、家宣の政治姿勢についてより具体的に見ていくことにしたい。

綱吉から家宣への代替わりの際は、御多分にもれず、落書・狂歌などが流行した。あまりに多いので、老中が心配して、放置すれば人心が動くきっかけにもなるのでは、と上申したが、家宣はそのようには捉えていなかった。

これは一段とよいことだと思う。こちらが悪いことについては、直接ありのままには言いにくい筈である。誰ともなく落書などに出すことには、遠慮がないため、善くも悪くも下情を知ることができる。善いことは取り上げ、悪いことは捨てればよい。それによって、気付かされることもあるだろう。判断するのは、こちらである。その方たちも、善悪共に他からの評判を聞くことで、気付くこともあるだろうから、そのままにしておくように。落書も見たいので、持って来るように。

吉宗の目安箱を連想させるような、庶民の声に耳を傾ける、家宣の姿勢が見て取れる。そんな家宣の目下の政治課題は、経済問題であった。

徳川幕府は、財政的に逼迫していた印象があるかもしれないが、それは開幕当初からのものではない。江戸時代初期には、二百数十万石の幕府領からの年貢に加えて、外国貿易や、鉱山からの収入で、非常に豊かであった。それが、悪い方向に向かうきっかけともなったのが、明暦三年（一六五七）に起こった大火である。この時、江戸城の天守が焼失している。被害は、大名屋敷をはじめ、江戸市中に多大な被害を及ぼし、その再建費用は莫大なものとなった。現在私たちが、皇居の北桔橋門《きたはねばしもん》を入った所に天守台しか見ることができないのは、この時、天守までは費用が回らず、そのまま今に至っているからである。また、五代将軍綱吉の浪費も大きく影響した。贅沢を尽くし、大規模な寺社造営にも費用を割いた彼の行動は、そのころ発展期を迎えていた貨幣経済のもたらした物価の上昇と相俟って、幕府の支出を増大させたのである。そればかりではない。この頃には、外国貿易に制限が加えられていたために、そこからの多額の収入は見込めなくなっていたし、鉱山の鉱脈は枯渇していた。このような状況にある経済の建て直しが、政権の課題となっていたのである（藤田覚『田沼時代』）。

老中らは、質を下げた金銀に改め、それまで流通していた貨幣と引き換えて出る差額（出目）を幕府の収入にする貨幣改鋳を提案した。綱吉政権期では、元禄改鋳の出目により、大地震による江戸城の破損を修理することができたし（元禄十六年〈一七〇三〉の元禄関東地震）、明日にも天災が無いとも言えないので、準備すべきだと上申したという。それを受けて、家宣は次のように答えた。

そなたたちは、金銀吹き替えを御先代が命じられたので、地震などの時、無事に済んだと申した。しかし、それが無ければ、地震などの天災は起こらなかったのではないかと思う。そのようなことをせず、将軍宣下なども、どのようにでも済ませ、金銀はそのままにすべきだ。その上で、思いがけずまた、地震、火災などの大きな変事が起こった時は、天下のためにこの身が潰れても構わないと覚悟している。

自らの将軍宣下の儀式などにお金を掛けることはなく、災害で江戸城が多少破損してもかまわない、という部分は、わかりやすい。しかし、幕府がある程度の蓄財をすることは、諸国が災害に見舞われた時の援助費用や、経済的に困窮した幕臣らを救済するための準備金にもなるわけで、将軍の贅沢に繋がるばかりではない。ましてや、綱吉政権期には、金銀吹き替えをしなければ、天災に襲われなかった、という論理は現代の私たちには理解しづらいが、儒教を熱心に学んだ家宣らしい考え方である。

この上意を聞いたある人は、「御自身の身に代えても天下の難儀をお救い下さるとのこと、何も言うことができない〈御身に被替候て天下の難儀を御救被遊候事、とかく不被申候〉」と泣いたと言う。白石もその時は感涙にむせび、それを伝え聞いた鳩巣も落涙したとのこと。家宣を、政治家というより学者、現実派ではなく理想論者と評すべきだろうか。

さすが白石の学問の弟子、ということか。

また、次のようなこともあった。将軍に就任して間もなくの宝永六年（一七〇九）四月六日のこと。旗本らが困窮して、子供を養うことも難しいということを知った家宣は、一度に七百人あまりも召し出した（国立公文書館所蔵「江戸幕府日記」によると七百三十一人に及んだという）。このような大人数の新規の番入りは、前代未聞のことだった。

しかし、その時の規定が、「十七歳以上」であったにもかかわらず、十三歳の者を元服させて差し出した者がいた。「上を軽んずる様なもの」と、老中たちは立腹したが、家宣は、御機嫌だった。一人でも多く、困窮した者を救いたいという強い思いから、少々のイカサマは意に介さなかったようである。

このエピソードに鳩巣は、「珍しいほど心が広く情け深い主君〈珍敷寛仁の君〉」で「権現様（家康）の再来」と最大級の褒め言葉で評し、「このようなご仁徳をお持ちなので、御家は御長久で、めでたい」と感激している。また、それだけには止まらず、家宣の治世を、漢の宣帝になぞらえる者までいたという。鳩巣も、これに大いに同意しており、家宣を「中興の主」と称すべきだとしている。ただし、「残念なことには、丙魏の臣がいないことである〈恨らくは丙魏の臣無之候〉」とも述べている。漢宣帝の丙吉や魏相のような名臣がいない、ということは、実のところ鳩巣は、白石や間部も有能な家臣と評価していなかったのだろうか。いや、老中が無能ぞろいだと言いたいのか。

加えて鳩巣は、中国の名君主として知られた周宣王・漢宣帝・唐宣宗は、いずれも中興の主で、現将軍にも「宣」の字が付くというのは、珍事だ、と感動している。

家宣の死

また鳩巣は、家宣が世辞や追従を好まなかったことも、褒めたたえている。家宣が、そのような考えを持つに至ったのは、中年になるまで甲府藩主であったため、その時の経験から、佞臣の振る舞い方もよく知っており、懲りていたためだという。将軍就任が遅かったため、その治世が短いことが残念だが、若年で将軍になれば、そのようなことに気付かれなかっただろうから、結局遅いことも幸いだとしている。しかし、家宣政権の終焉は、鳩巣が考えていたよりもかなり早く来てしまったようだ。将軍職についてわずか三年の正徳二年（一七一二）九月、家宣は体調を崩してしまう。

最期を迎えるまでの様子は、それを知り、「君の美を顕揚」することが「人臣の本意」にもなるとして、鳩巣が十月十八日付の書状に詳しく記している。

ここでは、当時もごく一部の人物しか知り得なかった貴重な将軍の死までの数日の様子を、鳩巣の意向に則り、復元してみたい。なお、細部の事実については間部詮房の公務日記（国立公文書館所蔵「間部日記」）から補うこととする。

九月二十日頃より、家宣は、体調を崩した。「間部日記」には、この日「風邪〈御風気〉」のため、家宣が紅葉山の惣仏殿への参詣を延期し、「御保養」のため、二十三日以降の老中の御目見えがなくなったことが記されている。二十七日は、御休息之間で老中・若年寄と面会したものの、二十八日以降の老中の御目見えはなく、十月一日の諸大名の出仕の際には、出御できなかった。

最初は、奥山交竹院、その後、岡道慶・数原通玄・渋江通玄院と、担当医は替わったが、良くなる兆候がみられなかったので、十月一日より、再び交竹院の処方した薬を用いた。

九日夜に急に症状が重くなり、夜中にもかかわらず、老中が登城することになった。そのうち、大久保忠増は、父の忠朝が九月二十五日に死去していたため忌中であったが、登城を許可されたといい、家宣が重症であった様子がうかがえる。その症状は、御肝癪の左の方から強く差し込みがあるというものだった。人参を少し口にしたところ、ひどく苦しんだため、独参湯を処方できず、医師たちも手の施しようがなかった。当時は、朝鮮人参が万能の薬とされていたため、それ以上は、どうすることもできなかったのである。

しかしその後、少しの間正気付かれ、拍子（能の笛・小鼓・大鼓・太鼓の演奏）をするようにとの御意向で、次の間で、二番行なった。能を好んだ家宣の一面がうかがえる。十日昼頃には、少し楽になり、疲れが出たのか、昼夜眠り、ときおり粥を二、三度召し上がるなど、小康状態となった。そこで、家宣に聞き残したことを、申し出るようにとの御意向が示され、それぞれに回答があり、不明だったことが残らずはっきりした。その際に、遠慮・閉門に処せられていた者が、御赦免となった。これも「この者どもは、最後には許すべきだと思う。今許されなければ、一生苦しむだろうから、皆許すように〈此者共畢竟御免可被成と被思召候、只今御免不被成候はゞ一生難儀に可存候間、皆々ゆるし候へ〉」とのこと。遺言書もこの時に作成したようで九日の日付である。そもそも後のことは、以前からはっきりと言い置かれ、すべて明らかにしていたともいわれている。

十一、二日頃には、ご本復を御祝いしたが（「間部日記」には、そのような記述はない）、その後の病状は、はかばかしくなかった。

死期を悟った家宣は、近習衆がいずれも長く馴染みの者たちであったので、別れのため、一人一人御前に出るようにと命じ、それぞれに言葉を掛けた。そのうち、あまりにも我慢できずに泣く老いた家臣がいたので、その時には目を開けて叱った。奥女中への暇乞いは、「無用じゃ〈無用に仕候へ〉」との御意だった。そして、「さて、もはや全て済んだので、体を起こすように。はやくあの世へ行きたい〈扨もはや何事も相済候間おこし立候へ、早御絶被成度候〉」と。

このことについて鳩巣は、きっと非常な苦痛でいらっしゃり、とても我慢ができなかったために、少しでも早くおかくれになりたいとのお気持ちだったのだろう、おいたわしい、と思いを述べている。

周囲の者たちは、少しでも楽にして差し上げたい、と相談した。以前苦痛を招いたため人参を勧めることは難しかったが、この期に及んで服用せずに薨御《こうぎょ》されては、心残りである。家臣たちのために独参湯を召し上がっていただくよう申し上げたところ、家宣は「なるほど、もっともに思われるが、現在まで、人参の効果がなかったのだから、最期になって服用しても、結局命がどうなるかわからない。飲もうが飲むまいが同じことだと思われる〈成程尤にも被思召候へども、只今迄人参に御相応不被成候に付不被召上候処、只今御最期に成被召上候はゞ、結句命を不知にても可有之候間、何も志は同事に思召候〉」と、服薬しなかった。理知的な対応が家宣らしい。

最後には日夜の疲れで、家宣が眠ったため、近習たちも、何もすることがなくなり、ただ、伺候して控えているだけだった。十四日の未明（暁丑の刻）。「天命である〈天命にて候〉」と述べ、安らかな最期だったという。享年五十一。

その日のうちに惣出仕があり、老中から、夜明けに薨御されたことが公に発表された。その上、御遺書があるとのことで、儒学者の林信充が高らかに読み上げた。そこには、葬送のことから、取り組んでいた貨幣政策のことまで、あらゆることが丁寧に記されていた。みな落涙して拝聴したという。

鳩巣は、近年まれに見る賢明な主君で、ことに今年から段々御仁政も行われようとしていたのに、と大いに嘆いている。


このように御英明な方であり、薨御されたことはいかにも惜しいことである。東照宮（家康）の御神霊もおられないのか、とあまりのことにお恨みしたいほどである。この上は、一途に忠義を尽くし、ただ跡継ぎの君の御多幸をお祝いして、将軍就任をお待ちするほかはない。

——如斯御英明の儀申すに付ても、扨々おしき儀に奉存候、東照宮の御神霊も無之哉と、余りの事に恨奉る程に奉存候、此上は犬馬の情、只嗣君の御万福を奉祝候て、御成立を奉待候外無之候

御出棺三日前より当日まで、江戸城内に、沢山の金銀の花が降ったという。手で受けるとそのまま消えてしまい、器に受けると小さい珠に固まった。仏教に帰依する者たちは、舎利が降ったとか、或いは雨珠と言った。最後まで、自分のことは気に止めず、天下人民のことを思い、東照宮百年法会のことを気にしながら、命が絶えるのをお待ちになっていたという、古今ついに聞いたことがないほど素晴らしい将軍でいらしたので、金銀の花が降ることも当然だ、と鳩巣は述べている。

二十日、御出棺の折には、晴天の下、増上寺までの道筋で万人が涙に暮れ、名残を惜しんでいたという。

増上寺をめぐって

家宣が増上寺に葬られることは、家宣自身の遺言によって決められていた。初代家康

は久能山から日光山へ改葬され、二代秀忠が増上寺で埋葬されていたが、三代家光がはじめて上野の寛永寺に運ばれ、日光山に埋葬された。四代家綱、五代綱吉は寛永寺に葬られている。今回また寛永寺となっては、増上寺との御由緒が絶えたようになるため、自らを増上寺に葬るよう遺言したのである。増上寺にとっては、願ってもないことだっただろう。

しかし、葬儀の前に、増上寺と幕府の間にトラブルが発生した。

大僧正の祐天が、駕籠《かご》で江戸城の玄関まで行く許可を求めたのである。以前は、寛永寺の御門主と同様に玄関まで乗り物に乗ることを許されていたが、綱吉の頃より、増上寺はそれができなくなっていた。今回、葬儀が行われることになったので、この機会に寺格を復活させようとしたのであろう。

間部詮房（浄念寺所蔵）

この件について、間部が白石に相談したところ、白石は次のように述べた。

確かに、以前は増上寺が言う通りでした。今回、御遺骸が納められるので、台徳院様（秀忠）の頃のように仰せ付けられても良いようですが、常憲院様（綱吉）の上意で定め置かれたものを、老中方の御考えで、破ることはしてはなりません。今後、当上様（七代家継）がご成長になり、お聞き届けになってから、乗物を許可されるのならば問題ありません。今回のことはもっともにも思われますので、願書はお預かりするのが妥当でしょう。今後上様がご成長されたら、きっと増上寺も上野（寛永寺）の格に仰せ付けられるでしょう。それまではこの書付を老中の方に預り置きます。現在、上様は御幼少であるので、常憲院様が定め置かれたことを、老中の考えで許すことはできないと伝えるべきです。

この回答には、白石が考えるこれから始まる幼少将軍を頂く政治体制の姿が、端的に示されているといえよう。以前の将軍が決めたことは、現在の将軍以外が、いかに適切な判断であったにせよ、変更してはならない。現将軍が幼少であった場合は、いくら将軍の名前で変更を認めたにせよ、将軍の判断でなく、老中の決定であることは歴然としている。そのため、将軍が成長するまで、保留とする。ただしこの場合、申し出自体は、妥当な内容なので、突き返さずに老中預かりにする、という判断なのである。幼少将軍の限界を表す事例であるとも言える。

老中らも白石の考えに納得して、増上寺側に返答した。すると、増上寺の僧が団結し、願い出が許されないときは、法事を務めないと申し立てたのである。

老中方は皆、手立てもなく窮し、間部に相談した。間部はしばらく思案し、増上寺は家宣の心遣いに溢れた御遺言により、埋葬の地と決まったのだから、何も文句が言えないはず〈ぐっとも不申筈〉にもかかわらず、このように言いたい放題ならば、もう議論の余地はない、と法事の中止を提案した。重ねて、法事というものは、何の益もないものであるのに、世の習わしであるため、その通りにしているにすぎないのだから、法事を差し止め、御棺は、こちらから急遽《きゅうきょ》番人を大勢付けて、埋葬までお守りするという。そして、この件について詮議を行い、祐天がそのようなことを申し出ているのであるなら、遠島。祐天ではなく役僧たちであるなら、首謀者五、六人を処分し、その上でも僧侶たちがたてつくようであれば、早速増上寺を踏みつぶす、と。そして、以下のように続けた。

この時節、諸大名が言いたいことを言っても取り潰します。もし諸大名がこのようなことを言って、取り潰されるようなことになったら、騒動にもなり気の毒ですが、幸い増上寺ですから、このことで御代始の威勢もふるって一段とよいと考えます。

――此節諸大名申度儘申候ても踏つぶし可申候、若諸大名箇様の事申候て、ふみつぶし申儀に候はゞ、騒動にも及び気の毒に候はんに、幸増上寺の事に候へば、是にて御代始御威勢もふるひ候て一段の儀と存候

間部はかなり強気である。家宣の配慮によって、葬地に決まったのだから文句は言えないはず。それなのに、幕府が、理を尽くして申し出を断ったことに対し、脅しをかけてくるとは何事か。法事は、風習だから行なっているにすぎないのであり、やらないならそれでも構わない。この論理はなかなか乱暴だ。且、文句があるなら、踏み潰すぞ！というわけである。加えて、御代始めに増上寺を潰したとなれば、新政権の権威を示すことができ、非常に良い、とまで言っている。

間部がここまで厳しい態度に出たのは、増上寺が葬儀を楯に半ば幕府を脅すような行動を取る背景に、新将軍が幼少であるため、強く出れば無理が通るのではないかという

思惑が、透けて見えていたからだと考えられる。単なる、大僧正の江戸城内での乗物許可のことではなく、新将軍の権威にかかわる、大きな問題を秘めていたのだ。

老中たちも、間部の意見に異議はなかった。増上寺側はこれを聞いて、詫びを入れ、事件は解決した。

このことを白石から聞いた鳩巣は、思わず落涙に及んだという。感動のポイントは、もちろん間部の対処にあった。鳩巣は次のように記している。

間部殿がこれほどまでの人物とは知らなかった。これと申すも、文昭院様（家宣）のお手柄であろう。現在の「棟梁の臣」というのは、この人のことである。これほど決断力がある人は得難い。間部殿が息災で、末永く当上様を御守りになるようにと、願うばかりである。

間部の姿は、頼もしかった。そんな間部や、白石が寄り添う幼少将軍の時代が、いよいよ始まったのである。

第二章　幼少将軍徳川家継

幼少将軍への心配

家宣は、四歳の嫡男鍋松へ将軍職を譲ることについて非常に心配し、正徳二年（一七一二）九月二十一、二日頃、新井白石に相談を持ち掛けていた。家宣自身は、体調に心配な点はあるものの、治ると思っていた時期である。

家宣は、「私の決断ひとつで決まることなので、相談をする必要はないのだが、その方は学者であり、古今の治乱も知っているだろうから、考えを聞かせてもらえれば、安心できる」として、次の三つの案のどれが適切か聞いている。

①正統な後継者であるので、鍋松へ継承させる。

②天下の安心のため年長者が良いとの考えから、尾張家当主徳川吉通へ継承させる。

③鍋松が成長するまで、吉通が天下の政務を執行する。

白石は、迷いなく①だと答える。

御正統の君がある上で、ほかの方にお継がせになっては、世の人々は逆に何かと混乱します。甲府から付き従って参りました面々は、納得いたしません。ご他界の日にはもう分裂してしまいます。まして、尾張殿へしばらく将軍職を御譲りになるなどと申されましては、そのうち、鍋松様が少し吐乳されても、そのたびに人心は落ち着かなくなり、二心ができるようになっては、かえって混乱の糸口になると存じます。何の迷うことがあるでしょうか。鍋松様をお立てになって、天下の重大事は、老中から御三家の方へ相談して、決めるほかはございません。

――御正統の君有之上に、外に御伝へと申候はば、天下の人却て何角議可申候、扨甲府よりつき参り候面々合点仕間敷候、御他界の日にはやわれ可申候、まして、尾張殿へ当分御渡しなど申儀候はゞ、其内鍋松様少し御吐乳被成候ても、其度ごとに人心そはつき候て、二心出来候様に罷成候ては、却て危乱の端と奉存候、何の儀も無之候、幼主を御立被成、天下の重事は、御三家の方

へ老中より相談候て、相決し申外は無之

家宣は、白石の回答に納得しながらも、「鍋松は四歳であるから、水の上の泡のようにも思われる。よって、不慮のことがあり、育たない時にはどうする」と、重ねて心配を口にした。

その時は、尾張殿でございます。そのために、権現様（家康）は御三家を立てて置かれたのです。御正統に御子が無いときには、尾張。尾張家で御子が無いときは紀州。このように御三家の正しい順を追っていくことに、だれが異議を唱えるでしょうか。御先代（綱吉）のように、御連枝があるのに、姫君をご寵愛のあまりに紀州へお伝えになるなどと申されては、天下の乱れになりますが、筋目さえ違えなければ、誰もそむきは致しません。その上で予期せぬ騒動が起こった場合には、想定外のことですので、天命にお任せになり、御心に懸けられる必要は無いと存じます。

――其時は尾州殿にて候、其為に権現様御三家立置れ候、御正統に御子無之ときは、尾張、尾張の家御子無之ときは紀州と、三家の次第を追て参り候事は、人誰か異議に及可申候哉、御先代の様に御連枝有之候処に、姫君御寵愛の余りに紀州へ御伝など申候ては、天下の乱れ可申候得共、御筋目さへ不被違候ては、誰も違背は仕間敷候、其上に不存寄禍乱の発し申儀は兼て不存儀に候得共、其処は天命に御まかせ被成、御貪着不被成筈に奉存候

ここでは、御三家の在り方が、明確に解説されている。家康が、徳川宗家に跡継ぎが途絶えた時のために御三家を立てたこと。尾張、紀伊、（そして水戸）という順で格が決められていること。このことは、当時誰もが周知の事実であったのだ。五代将軍綱吉のように、愛娘鶴姫の婿である紀伊藩主徳川綱教に譲るようなことを言い出さず、筋目通りにすれば、皆が納得し、間違いが無いのである。白石は特に目新しいことは、言っていない。当然、家宣にしてみても、正統な後継者に継がせるべきことは十分承知していただろう。本来検討の余地はないはずなのに、それでも迷いがあった。

鍋松が幼少であり、政治の安定を考えれば、という家宣の思案を後押ししたのは、何だったのだろうか。すでに四代将軍徳川家綱に嫡男が居らず、五代綱吉は家綱の実弟であったし、六代家宣自身も家綱の実弟綱重の嫡男であったことなどから考えると、すでに綱吉の時点で、直系とは言い難く、自らの嫡男に継がせなければならないという切実

性に欠けていた部分が、家宣の気持ちの中にあったのかもしれない。

家宣は、この白石の信念に満ちたきっぱりとした言葉に、ももやした思いをふっ切ることができたようだ。幼少将軍徳川家継の誕生が、決定づけられた瞬間、である。

そうはいっても、幼い鍋松が将軍に就任することを、家宣は心配し続けていた。遺書の中に、「古くから、主が幼く国が危うくなった歴史を見ると、その時代の人は、権力を争い、党をたて、その心が和やかになることなく、お互い疑っていたことによる。〈古より主幼く国危き代々を見るに、其世の人、権を争ひ、党をたて、其心相和らがずして、相疑ふによらざるはなし〉」とし、「呉越同舟」を心に期するよう記している。その夜、容体が悪くなり、夜中に老中が、翌十日には、御三家が奥に召されて、家宣と対面した。その際、「後見を頼もうと考えている」との仰せがあった。それを受けて、二十四歳の若き尾張藩主徳川吉通は、次のように答えた。


人の臣たるもの忠義を知るということは、当然のことです。御三家はこのような時のために権現様（家康）が御立てになったのですから、御心配には及びません。御三家が一体となって、もろもろのことを申し合わせ、鍋松様へ御奉公致します。私の身の上に不都合なことがありましたら、ここに居られます水戸殿、紀伊殿と申し合わせ、間違いなく対応いたします。もしまた、紀伊殿に私の心得がたいことがありましたら、水戸殿と申し合わせ、必ず申し入れます。何にせよ、天下の御為になりますよう話し合いますゆえ、御安心くださいますように。

——人臣たるもの忠義を存知候と申儀は、よのつねの儀に御座候、御三家の儀は、箇様の時節の為に権現様御たてをき被遊候、被仰置にも及不申儀に御座候、御三家合体仕候て諸事申合、鍋松様へ御奉公可仕候、私身の上悪敷儀御座候はゞ、是に居被申候水戸殿、紀伊殿と被申合、急度可被申聞候、若又紀伊殿など手前難心得儀も候はゞ、水戸殿など申合急度可申入候、兎角天下の御為よろしき様可申談候間、御心安く可被思召候

続いて、老中が並び居る方を向いて、こう述べた。

この上は、各々の心得が大事と存ずる。各々と言っても、みな当家譜代の面々であるので、忠義については、私が助言するには及ばない当然のことである。しかしながら、諸事についての心得が大切である。只今御前で、このように申し入れたこと

は、忘れてはならない。

――此上は各心得大事と存候、各と申も皆当家御譜代の面々に候得ば、忠義を存知可申候段は、手前など助言に及不申儀おろかは無之筈に候、然ども諸事心得肝要に存候、只今御前にてかくのごとく申入候間、忘れ被申間敷候

吉通の言葉を聞いた者は、「さすが」と感じ入ったとのこと。家宣は安堵したのか、その四日後の十月十四日に薨御する。

「兼山秘策」によると、以上のようになるが、この家継後見について、別のエピソードがあるので、ここで紹介したい（松尾美恵子「将軍御台所近衛熙子（天英院）の立場と行動」）。

同十月二十三日、近衛家の諸大夫佐竹義方が、家宣正室天英院の父近衛基熙にあてた手紙には、天英院が家継の後見となったため、その御威光が以前より増し、老中や大老から重んじられている様子が記されている（「基熙公記」正徳二年十一月一日条内所収「義方進書状条々」）。そして、次のような一節もある。

御後見の事は、内々に下々の者まで、尾張様だろうと噂していました。尾張家でも

そのように思われていたようですが、そうはなりませんでした。このことは、十四日には知っていらっしゃったようで、御顔色にも表れていましたが、人々の本心は、尾張様が後見ではなく、ありがたく思っているようです。

——御後見之義、内々末々迄、別尾張様ニ而可有御座哉と風聞仕候、尾州ニ而も左様ニ被思召候由、然処ニ相違仕候、依之十四日ニハ御存寄候と御顔色ニも顕候由、乍然諸人実心ハ御後見ニ而無御座候而、是亦難有奉存候由

家継の後見は、吉通ではなく天英院だったのか？　字面通り解釈してしまうと、「兼山秘策」と異説のようにも読めてしまう。はたして、真実は？　鳩巣と佐竹の両説をどのように読み解いたらよいのだろうか。

まず、ここで気を付けなければならないのは、後者が天英院の実家である近衛家の家臣が天英院の実父に宛てた史料であること。天英院が重んじられるようになった、と喜ばしく思うのは当然で、どこまで事態を客観視できているか、慎重に見ていく必要がある。注目すべきは「後見」。その意味合いが、二つの史料で異なるのではないだろうか。

鳩巣の話は、家宣が、幼少将軍を御三家で支えていくことを依頼し、御三家筆頭の尾

張家当主である吉通が、それに応えた様子を示している。吉通を後見として指名した、ということではない。一方、佐竹の手紙では、幼い家継の嫡母である天英院が、家継の後ろ盾となることで、権威を増したことを示しているに過ぎないのではないか。「後見」といっても、前者は、将軍の補佐という御三家の役割を指しているのであり、後者は、幼児に対する母としての立場をあらわしているにすぎない。実は両説とも、本章の冒頭で登場した、家宣が悩んだ三つの案のうち、③鍋松が成長するまで吉通が天下の政務を執行する、ということではなく、①正統な後継者であるので、鍋松へ継承させるようになったことを、別の面から表現しているだけではないか。実際、家継の後見が誰になったか、幕府から触れ出された記録は管見の限り見当たらないのである。

表の政治世界での将軍の「後見」である御三家と、大奥の世界において、幼い将軍の嫡母としての「後見」である天英院、ということになるだろう。表と大奥の世界、それぞれの「後見」であり、どちらかというわけではないのである。佐竹の、天英院の権威が格段に重んじられるようになり、一方で尾張が後見でないことを人々が喜んでいる、という記述には、政治向きに自らの意思を反映し得ない幼少な将軍であるために、表と大奥の境界線があいまいになっていることが、よく示されているのではないだろうか。

もう一度、「兼山秘策」に戻り、吉通のその後を見てみよう。

吉通は、鍋松への忠義を高らかに宣言したその意気込みにもかかわらず、すぐにその任を果せなくなる。翌正徳三年七月二十六日、彼は急にこの世を去った。わずか二十五歳。事前に、病気だという噂も出ていなかったようで、江戸中、上下を問わず驚きが走った。十三日から少々下腹痛があり、侍医が薬を処方し、軽いものと判断したために、一門はもちろんのこと、家老にも知らせが無かった。急変し、皆が飛んでいった際には、もはや亡くなった後だった。鳩巣は、医師の渋江通玄院より、高須松平家の養子になっていた吉通の実弟義孝が、非常に腹を立てていた、と聞いている。また、尾張家家老の成瀬隼人正も立腹しており、侍医はこのままではすまないのではないか、と言われているとか。なお、その腹痛の原因は、饅頭で食あたりしたとか、酒の飲みすぎから、普段から吐血をしていたとか、尾張家のある奥女中の局の庭に生えていた「覆盆子《いちご》」を、風味がよいと食べたところ当たった、などという話も聞こえたようだ。その奥女中は、「私事ふと乱心いたし自害仕候」と書き置きして、自殺したという。

また、吉通が幼少の折に仕えていた近習が、素行の良くない者たちで、その影響から十二、三歳から女色にふけることがあったために命を縮めたのではないか、という噂まで鳩巣の耳に入っている。

同年八月二十九日に、尾張家の家督を相続したのは、吉通の嫡男で、わずか三歳の五郎太だった。鍋松よりも幼い当主の誕生である。しかも十月十八日に死去。まさに「水の上の泡」のような五郎太だった。十一月十一日、吉通の実弟で二十二歳の通顕が家督相続する。十五日に新将軍家継より一字を拝領し「継友」と改名し、ようやく尾張家は落ち着いた。

幼少将軍の様子

話を家継（鍋松）に戻そう。わずか四歳（正徳三年〈一七一三〉四月二日の将軍宣下の時には、五歳）将軍を頂く政権とは、どういうものなのだろうか。幕府政治は、誰が動かしているのか、政治権力とは何か、将軍側近の役割とは……。それらを解き明かして行くに際し、まずは、家継はどのような子供だったのか見ていくことにしたい。

毎日、老中の御目見えがある。上段の上には御褥を敷き、傍らに刀掛がある。上段の際まで、傅役の者が手を引いて行くと、御褥の上に上られ、刀掛に刀をかけられる。脇差を側に置くと自ら取り、左の脇に仮にはさんで、一人一人老中にお会いになる。すっかり御目見えが済んで、座を立つ頃に、「ぢい」とお呼びになったので、老中たちは、再び座にもどる。すると、一人一人へ、側にある「破子《はご》」（「わりご」のこと。内部に仕切りのある簡易な弁当箱）のようなものを下さった。いずれも落涙して頂戴し、退出する。その後、御敷舞台の上に御出でになり、「えち、えち」とお呼びになるので、間部殿が参上したところ、「ととぼん、ととぼん」とおっしゃる。御とと様が、ここで能をされていたことを、片言でおっしゃるので、それを聞いた周りの者たちはみな、笑い出したということだ。

傅役に手を引かれて来たものの、上段には一人で上がり、刀や脇差も所定の位置に置いてから、老中に対面するなど、なかなか賢い。その一方で、老中たちに、付近にあったものを急にプレゼントしてみたり、「越前」と呼ぶべき間部越前守詮房のことを口が回らず「えち、えち」と呼び、亡き父家宣の能好きを思い出し、能舞台に上り「ととぼん、ととぼん」と愛らしい。

二つ目は、室鳩巣が正徳三年七月二十二日に、水戸家の家臣から聞いたという、御三家および加賀藩主前田綱紀の御目見えと大老井伊直該《なおもり》に関するエピソードである。

家継は御三家に対して、直接「是へ近う」と呼び掛け、御目見えがあった。その後立ち上がり、側におかれていた御文庫を傍らに持ってきて、上段の際に控えている間部に開けるように言った。そして、自ら中の鼻紙袋を取り出し、尾張藩主徳川吉通へ進呈した。続いて、紀伊藩主徳川吉宗へも何かを渡し、水戸藩主徳川綱條へは巾着を下賜された。綱條は、それを提げて見せて「若く見えます〈わかやぎ可申〉」と、殊の外喜んだとのこと。この時、五十八歳。年の功の絶妙な返答である。

その後、前田に対しても「近う」と上意があり、これも何かを取り出して進呈した。しかし、今度は、自らではなく間部に渡させたとのこと。これについては、前田には拝領物はなかったとの説もあるようだが、どちらにせよ、御三家の尾張・紀伊・水戸の格の順を弁え、前田はそれより一段下の存在という家格の順番に従った、家継の振る舞いであった。それが意識的なものであれば、聡明であり、そうでなかったにせよ、自然にできてしまうところに、将軍の将軍たる所以《ゆえん》が感じられる、ということになろう。

また、同じ日の食事の際に、鱚の開きを焼いた物に少し手を付けて、側の者に次のように仰せになったという。

家継「掃部ぢい（大老井伊掃部頭直該）は、もう食事はしたか」
側の者「御帰宅なされた由にございます」
家継「未だ、食事をしていないのであれば、この焼き物を食べさせるように」

そこで急遽、側衆が井伊家に使者に立つことになった。井伊は非常に感激して、家来たちに祝儀の品が出たばかりか、上使に料理をふるまい、金五枚など進物を贈った。

この話を聞いた鳩巣は、「とにかく優れた御性質だと、恐れながらめでたく存じます〈兎角勝れ申候御性質と乍恐目出度儀に奉存候〉」と感想を述べている。

家継は、儀式を一つも欠かすことなく勤めており、間部の手柄であると鳩巣は評する。

若い女中が、御錠口（大奥と奥の境目）まで家継を送る際、表に出たがって、そのまま御供しようとした場合など、家継は「きっと」立ち止まり、「是に」と言ったという。また家継は、必ず御錠口で立ち止まり、「ひしり」と鍵を下ろす音を聞くまではその場を動かなかったとのこと。表と奥のけじめを理解しているようなその賢さに、奥女中や近習の若い者などは、幼いにもかかわらず将軍を非常に畏れているという。

また、先の例にも見られたように、老中や大老は、家継手ずからのプレゼントに大感激している。当時、最年長の老中であった土屋政直は涙腺が緩かったようで、家継の儀式での完璧な振る舞いを見て、むせび泣いていたことがあるとか。いくら幼くても「将軍」は、特別な存在であり、「将軍権威」を有していたことがよくわかる。

とはいうものの、当然、いくら家継が利発だからといって、実際の政治を執り行うことはできるわけもなく、幕閣がその実質を担うわけである。中でも家継に最も近く仕え、懐かれていたのが、先代家宣のころから将軍側近を務めていた間部詮房である。

正徳三年八月二十三日。間部は、家継の代参として、増上寺に参詣した。帰る頃になり、家継は「越前を迎えに出る〈越前が迎に可出〉」といい、玄関まで行き、間部が帰ると「越前、帰ったか〈越前帰りたるか〉」と喜んで、抱かれて中に入った。その睦まじい様子を「いかなる不思議な巡り合わせだろう。親子共に（家宣・家継）このように御意に叶うとは、珍しいことだ〈如何成奇縁に候哉、御親子様共に斯様に御意に被応候事、珍敷〉」と江戸城で働く者たちは噂したという。間部を慕う様子がなんとも微笑ましい。

加えて、家継が何かいたずらをした際に、周囲の者が、間部に報告すると言えば、悪さを止めたというエピソードから、間部に対する信頼感、両者の良い関係が伝わってくる。実際、間部は日夜家継にかかりきりで、出仕の際には色々と事前に指南をし、儀式や祝儀の際には導くばかりでなく、袴をはかせる等身の回りの世話に至るまで仕えていた。そのことが、強い絆を生んだのだろう。家継との個人的繋がり、という観点から見れば、間部の右に出る者はいないのだ。

鳩巣は、家継政権がスタートした際の幕閣の関係性について、尾張藩主徳川吉通が家継の「後見人」、老中と側近の間部詮房・本多忠良が「摂政」で、大老の井伊直該が一番格が高く、御三家と老中の仲介をする立場にあったと見ている。先代将軍家宣の遺言にも、「越前守は久しく身近に遣っていたので、私の考えを良く知っている。後々もすべて相談するように〈越前守事は久々御身近く被召遣候ゆへ、御心入をも此もの能く存候間、御跡にても万事相談可仕旨〉」とあり、間部には、「筑後（新井白石）へ何事も相談するように」と言い置かれていたという。

しかし、一方で、次のようでもあった。

間部殿が思いのほか才知があり、その上、温厚な人であるため、今でも老中たちは、この人を文昭院様（家宣）の時代の如く重んじられている様子です。しかしながら、間部殿は昼夜御幼主様の側を離れることができないため、ほかの事には、まず、関わることができません。

――間部殿存外材力も有之其上温厚成人にて候故、今以諸老共此人を文昭院様御時の如く推尊被申体に候、然共是は昼夜御幼主様の左右を離れ不被申候故、外事には先預り不被申候

そのような中、白石は、どのように政治運営をしていけばよいと考えていたのだろうか。江戸の町が物価高騰に苦しむ状況下で、老中に送った書面の中には、次のように記されていたという。

上様（家継）が幼いため、その御意向による政務が行える時期ではございません。老中の皆様には、文昭院様（家宣）が御他界の時まで、そのお心にかけられていたことを、上様のお心とされて政務を執り行えば、武士や庶民の風俗も改まり、天地の変災が生じることもなく、天下の財政も豊かに事足りるようになることは、難しいことではありません。もちろん物価の安定なども、いうまでもありません。

――上御幼稚の御間に候へば、御心より出て候て御政務可有之御時節には無之候得ば、執政の御

方に文昭院様御他界の御時迄、御心に被懸候御事を、其御心と被成候て、御沙汰の次第有之候はゞ、士民の風俗も改り、天地の災変の生候事も無之、天下の財用もゆたかに事足候へき御事、何の難き事か可有之候はんや、況や物の価を平かに被成候程の事は、論ずるにも及ぶべからず候

先代家宣の思いをそのまま実現していけばいいのだ、と。

初めのうちは、「井伊殿（大老井伊直該）をはじめ、老中らがいずれも間部殿を尊重し、あらゆることが文昭院様（家宣）のころと少しも変わる事はない〈井伊殿初め諸老中何れも間部殿をしつし被申候て、諸事文昭院御時の様子に、少も相替る儀無之〉」様子だった。

しかし、それは、いつまでも続かなかったのである。

第三章　儒者たちの闘い——新井白石と林信篤

年号「正徳」をめぐって

家宣から家継への代替わりで、再び政治の表舞台に立とうと思った者の一人に、代々幕府に儒学者として仕えている林大学頭家の信篤がいた。信篤は早速動いた。ある老中の所に、「正徳」という年号が不吉であるということを、唐と日本の事例に朱引きをした書物を持参し、訴えたのである。

この年号が決まった時から、考えていたことなのですが、御先代（家宣）はこの様なことの御相談もございませんでしたので、申し上げませんでした。

——此年号究り申時分より存寄罷在候得ども、御前代はケ様の儀御相談も無之ゆへ、不申上候前政権では、家宣の甲府藩主時代からの学問の師であった新井白石が、家宣のブレーンとして活躍したために、何もできなかった、という信篤の恨みが透けて見える。

老中たちは、唐の事例を出されてもよくわからず、不吉だから国家のために朝廷へ年号を改正することを願い出るべきだと言われて当惑し、白石に問い合わせる。

白石は、手近な例を挙げて次のように述べた。つまり、月が重なって年になるので、年月は同じことを意味する。一年のはじめを「正月」として特に祝っているが、「正」の字が不吉ということになると、十二月まですべて悪い月ということになる、と。信篤は、その後も抵抗するが、それを白石は、「代替わりになったので、このようなことを考え出して、政策立案を掌る力を再び得たいと見える〈御代替りに候ゆへケ様の事考出候て、翰林の文柄を再び握り申度との儀と見へ候〉」と、嘲笑していたという。

林信篤（国立国会図書館所蔵）

なお、信篤がまず持ち出した案件が年号のことだったのは、感慨深い。というのも、そもそも年号を決定する際、「正徳」を選んだのは、白石その人だったからである。まずはそこから始めようと、信篤は意識して反撃の烽火を上げたのではないだろうか。

家継の服喪をめぐって

信篤の抵抗はこれだけではなかった。家継の服喪をめぐっても、白石と意見が対立する。それは、目付の長崎元仲が白石に問い合わせてきたことから発覚した。

「間もなく、御先代の四十九日も済みます。その後の日光への御名代や、伊勢神宮への奉幣使などは、前例の通りに行う、と先日老中会議で決まりましたが、どちらを先に実施するべきでしょうか」

この話は、白石には初耳だった。間部に照会すると、そのように会議で決まったという。先代より、国喪の一年間は寺社参詣などは遠慮することになっているのに、今回に限り、このような方法は納得しがたい、と述べると、間部は驚いた。

原因は、信篤だった。元禄期に将軍綱吉が制定した服忌令の中に、「七歳未満の子供は、相互に喪に服さない」とあるので、家継は喪に服する必要はないと述べ、老中たちが納得して決定したのだという。

白石の話を聞いた間部は、信篤を呼んだ。

「元禄の服忌令の『七歳未満の人無服』というのは、何をもとに定められたのか。古来倭漢の服制に、七歳未満の人の死去の際には、父兄親族は喪に服さないということはあるが、七歳未満の人がその父母らのために無服ということは、書かれてはいない。このことについてお聞きしたい」

それを聞いて、信篤は顔色を変えた〈以の外気色損候〉。

「そのようなことは、誰が申したのでしょうか〈左様の儀は誰被申儀に候哉〉。儀礼、家礼をはじめ、歴代の服制において、七歳未満の人が、父母のために無服なのは明白なことです。そのため、現在そのような説を申し立てて、常憲院様（綱吉）が作られた法令を破ることは、もってのほかです」

信篤は、誰の意見か聞いてはいるが、白石だということは、百も承知だろう。間部は信篤の回答を受けて、白石に再度尋ねている。白石は「礼経」の内容に言及し、その後、次のように述べた。

「元禄令には、家臣が主君のための服制を定め置かれていないので、幼いからといって上様が無服であれば、多くの家臣たちも喪に服さないことになります。そうなりますと、文昭院様（家宣）のために喪に服すのは、天英院様（家宣正室）と松平兵部大輔様父子（家宣の実弟松平清武・美作鶴田松平家当主とその子清方）だけとなってしまいます。御先代に限ってこのようなことでは、あまりにも勿体ないことでございます。元禄の令を破ったとの御批判もあるでしょうが、七歳未満の人が、父母のために喪に服するべきか否かというまでのことです。ほかの服忌を妨げるものではありません。せめて、代々の国喪の時のように、喪に服する日数の内、吉礼を御遠慮になれば適切です。いかがお考えでしょうか。これはわずかなことではありますが、風俗教化とも関連します。このようなところにも気を付けたいものです」

その後、白石は、自らの考えを一つ一つ書付にして間部に渡したという。

ここからが間部の真骨頂。その書状を懐中し、まずは、さりげなく老中たちの意向を尋ねてみたところ、先入観に捉われている者が多く、どうにも情勢が変わりそうもない。白石の書付を出したところで、同意は得られそうもなかった。そうなれば、幕府のブレーンである白石と老中の意見が一致しないこととなり、後々の支障がある。その上、白石もこれほどに建言しているのに、信篤の意見が通っては、不快だろうと思いをめぐらせ、その場では何も言わなかった。そして間部は、白石の書付を天英院に提出し、その考えを詳しく申し上げたのである。その結果、天英院と月光院（家継生母）から、老中へ申し入れがされ、日光名代なども取りやめとなった。服喪中は、生業としている者以外の鳴物も、来る正月の御謡初めまで禁止となったとのこと。

この結果を受けて、信篤は怒り心頭。「七歳未満の人が、父母の喪に服さないことは、周礼の礼であり、現状は、周礼の道に背き、かつ天下の御大法を御破りになっている」として、五カ条の書付を提出してきた。それを間部が白石へ見せ、白石が再反論の「大巻」を間部に渡したとか。その結果どのようになったかまでは、鳩巣の耳には入らなかったようだ。信篤にしてみれば、年号の件といい、いずれも白石にしてやられ、歯噛みしたくなるような気持ちだったろう。

鳩巣は、これらの出来事を以下の様に評している。

林大学頭（信篤）より、次々邪説が申し出されているが、白石の明快な弁舌により、論破されている。

――林大学士より段々邪説申出候へ共、白石明弁にて埒明申候

白石の戸惑い

この二件の問題については、ひとまず解決した。しかし、もし老中に学問があれば、信篤から建言がなされた際に、それを撥ねつけることができただろうに。鳩巣は、歯がゆい。この時の政治情勢を次のように述べている。

老中方は不学にて気の毒に存じます。新井氏もこれ程迄とは思われなかったでしょうが、どうもお考えを実現することが難しい情勢に見えます。

――御老中方御不学にて気の毒に奉存候、新井氏も是程迄には被致候へ共、何共志達し難き勢に相見へ申候

白石も、その立場に悩んでいた。確かに自らの建言を幕府政治に反映させようとすれば、間部詮房を頼ることによって、一定程度実現できる。ただ、上に白石を用いる主がいないからといって、「間部の党」の様になっては良くない、とも考えていた。家継が自ら政治的手腕を振るえない以上、十分な後ろ盾とはなり得ず、白石の存在は、間部の

仲間、として認識されてしまうという現状を、白石はよく理解していた。

正徳二年（一七一二）十二月六日に、白石が伏見奉行の建部政宇《まさのき》に宛てた手紙（『新井白石全集　第五』）では、「私は、先代（家宣）御一人の御めがねで、外様の格式で日々お仕えしていたにすぎないのです〈某事は前代御一人の御目がねにて外様の格式にて日々に近侍仕り〉」「私は、どなたを頼りにして、何を言うべきなのでしょうか。もとから定まった職があったわけではないので、何か務めるべきものもありません〈某何方へとりつき候て何を申すべく候はんや、もとより定りたる職掌もなき事に候へば、又何をつとめ申べき様もなき事に候〉」と、家宣の死の直後で、自らの政治活動への限界を察し、意欲を失っているように見える。かつ、家宣あっての自らであることを、強く自覚していたことも見て取れる。

白石を師と仰ぎ、その建言を自らの意志で積極的に受け入れ、政治に生かした家宣は、もういないのだ。将軍は、幼少な家継である。だからこそ、将軍側近である間部を拠所とする以外に選択の余地はない。しかし、政治的に意志のない将軍に仕えている側近へは、自らの好き勝手で政治を動かしているのではないか、という視線が常に突き刺さっている。そのような人物を頼りとせざるを得ないとは、いかがなものだろうか。白石は、そう考えたのだろう。その悩みは、幼少将軍の政治体制の姿を端的に表しているといえよう。どうにもならないことなのである。

鳩巣はこの様子に、白石がその地位から退くのではないかと、心配になったようだ。

あなたのことは、文昭院様（家宣）が御寵任され、その御恩愛は重いことと存じます。この御恩に報いる事は、今は当上様（家継）へ御奉公され、諸事心を尽されるより外はありません。これは重大なことです。その上、今何も身を引かれるべき事も見えません。今しばらく見合せられるのが、当然です。状況は変わります。随時変わるので、明日の事はわかりません。今日迄のことは御辱しめと考えることはありません、少しでも辱しめと思われることがあれば申し入れるべきです。

「御辱しめ」という言葉に、家宣時代とは大きく変わった、現在の白石が置かれている状況が良く表れている。退くべきタイミングを間違えないようにと、言葉を畳み掛ける様子に、幕府政治の今後と白石の立場を案じる鳩巣の必死の思いが見える。

鳩巣は、幕府に白石が居る内は大丈夫だが、明日にも引退してしまえば、「最早是まで」だと。加えて、このような状況になったのは、家宣の白石の任用の仕方が足りなかったためだという。太公望など中国の例をあげつつ、禄や位を高く与えなければ、人々が服するわけがないとする。そして、次のように続ける。

本多中務殿（本多忠良）を白石の「相役」として、白石を間部殿と「同役」にし、石高を多く与えていれば、現在老中たちが、諸事相談をしている筈です。

——本多中務殿を相役に被差置、此人を間部殿と同役に被仰付置候て、大禄をも被仰付候へば、此節御老中も諸事相談にも有之筈に御座候

「相役」と「同役」の違いは何だろう。本多忠良は、宝永七年（一七一〇）十二月十五日に、従四位下となり、御側の諸事を見習うように申し渡された時点で、形式的には、間部の同役となったように見えるが、「兼山秘策」で、それらしい姿を見ることはない。それもそのはず、将軍家宣は、間部の配下には、「御用方右筆」と呼ばれる、政策を立案、審議し、書記官をも務める集団を置いているのだが、同役であるはずの本多には、附属させていなかったのである。この御用方右筆は、もと奥右筆、つまり老中の秘書を務めていた者が任じられていた。家宣は、間部にのみ、政策を自ら立ち上げ、老中を主

導できるような権力を与えていたのである（深井雅海『綱吉と吉宗』）。それは間部が、甲府藩主時代からの最も信頼する特別な側近だったからである。しかし、家格の面でみると、二人は逆の評価となる。能役者出身の成り上がりの新興大名間部に対して、本多は、徳川家康の側近として著名な本多忠勝の血筋の名門大名である。二人のあり方の違いが「相役」「同役」という言葉の違いに現れている。

つまり、職務権限としては間部と、格では本多と同等の扱いであったなら、老中たちは、今も白石を相談相手と認めただろう。鳩巣曰く「とにかく賢人を大いに用いられる時は、権威を与えられなければ役に立たない」。現実の白石は、家宣の侍講で、政策立案のブレーンではあったが、幕府内の役職でいえば「寄合」、つまり無役の旗本にすぎなかったのである。

それを聞いた白石は笑っていた。家宣の死の悲しみを抱えながら、自らの立場をよく理解していた彼にとって、鳩巣の言葉は、現実味はない一方で、激励の気持ちはよく伝わって来たことだろう。白石と鳩巣の温度差を感じる場面である。案の定、白石の笑顔を見て、鳩巣は安心する。

恐らく、すぐれた保身の手立てがあるのだろう。当然である。うかうかと油断して、災いにあうようなことは、優れた人のすることではない。

――大方明哲保身の謀可有之体に御座候、尤に存候、うか〳〵と油断して禍にあひ申事は智者の所不為に候

このように見ていくと、林信篤がもたらした案件は解決し、鳩巣に励まされたこともあり、白石の覚悟もできたかのようだ。問題は取り除かれたようにも見えるが、世間での評判は厳しいものがあった。江戸では、白石は何かと悪く言われていたという。今回のことについて、当然ながら林家の者たちは、特に悪口を言っていた。信篤は、年号などについて、方々で触れ廻り、それは鳩巣の旧主加賀藩主の前田綱紀にも及び、「十分理屈が通っているのに、新井氏の意地が悪く、間部殿に伝えて妨害された〈十分理屈に候処、新井氏意地あしく候て、間部殿へ申候ておさへ申〉」などと言っているのだ。広島藩主浅野吉長の所へも信篤が頻繁に訪れ、学問を講義しているとの情報が、加賀藩士の小谷継成〈室門七才の一人〉から鳩巣に知らされている。ちなみに浅野吉長の正室の父は前田綱紀である。

このような林家の動きについて、鳩巣は次のように述べている。

この時機を狙って出て、老中方に用いられて、再び政治の主導権を握りたいとの考えと見える。何と老獪なことか。ただ、惜しむべきは、「新井筑州」という者は、すぐには出てこないと思われるほどの人材であるので、もはやこれまでとなり、一生捨て置かれてしまうのは、残念なことに思う。

――この節きつて出候て御老中方に用られ、再び文柄を取申度所存と相見へ申候、老姦至極にて候、只可惜事は新井筑州と申もの近世絶出の材にて候処、最早是迄にて一生捨られ候はん事残念の儀に奉存候

白石・鳩巣の林信篤評

信篤の抵抗は続く。今度は、家継の「継」の字が宜しくない、と言い出した。「継」とは、「次第を経て順々に継ぐ」の意味ではない。「継子」「継母」など、本来は継ぐ立場にない所に、他から来て継いだことを「継」と表現している、と申し出たのだという。現将軍の御名乗を、不適切だということ自体が問題の様にも感じられる。こうなって

くると、もう難癖をつけているとしか思えない。

これを聞いた鳩巣も、一刀両断。

一向に評判にも成らず、論理も通っていないと思われる。すべて林大学頭（信篤）は、興のさめるようなことばかりする。

——一向評判にも不及こと不足論存候、惣て林大学士不興成事どもに候

そして、次のようなエピソードを耳にしていた。正徳二年（一七一二）の冬。信篤は、広島藩主浅野吉長に仕える儒学者津村惣右衛門を使者として、広島藩の役人たちに金子二千両を渡し、「この金子は、当分必要でないので、預っていただきたい。百両に付き一両ずつの利息を下さいますように」と、頼んできたとか。御用ではないが、浅野家に親しく出入りしているから、とのこと。大名に対して懇意だからと言って、これでは金融業者扱いである。よって役人たちは、末々にいたるまで、「儒者というのは、このように欲深い者なのか」と嘲った。惣右衛門も「近頃、難儀な使者を務めさせられた」と嘆いたという。鳩巣は、「大学頭（林信篤）のことは兎に角申す言葉もない。惣右衛門も

なぜ使者を引き受けたのかわからない」とあきれ返っている。

また、正徳三年八月四日に、増上寺の文昭廟（家宣の霊廟）の完成に伴い、宝鐘を鋳造して懸けた。この鐘銘は、銘は白石、筆者は鳩巣と同様に白石の推薦で幕府に仕えるようになった儒学者で、能筆家として知られた深見貞恒。鳩巣は、白石の相談相手となった。銘は非常に短く古雅に見え、これまでの鐘銘とは一線を画したものであったという。作るに当たり、代々林家が作成した銘を見たところ、四代家綱の時には「奉懸武州東叡山厳有院殿廟前」という題号で、絵馬の様だと、鳩巣は笑っている。東叡山は、武州より他にあるわけがないのに、「武州東叡山」とするのはおかしい、とも。

また、銘の作成が、間部から白石へ依頼されたことについて、鳩巣は「老中の中には、林家の贔屓《ひいき》の者もいて、新井氏とはそりが合わないが、間部殿の威勢が強いと見える。老中は間部殿に慎重に対応されているようで、これはさすがに老中方も殊勝なことと存ずる」と評価している。しかし、家宣の宝鐘であれば、政治向きのことというより、将軍家の家政に関わることなので、老中が将軍側近の間部に仕事を振るのは当然であり、老中を褒めるには及ばないだろう。案の定、鳩巣の話は次のように続く。

しかし、旗本中の過半は間部殿、続いて新井氏を誇っているため、間部殿を奢っているようにうわさしている。新井氏については林家が誇っているようである。そのため、林家と親しい大名衆は、いずれも新井氏をよく思っていないように見える。

——然ば旗本中過半は間部殿、次は新井氏を譏り申候故、間部殿を驕り候様に沙汰仕候、新井氏をば林家より譏り立申候由見へ申候、其故林家と被仰通候大名衆は何も新井氏を能不被思召候と見へ申候

また、前田綱紀が国元へ出発する際、林信篤へ挨拶に行き、二時間以上も滞在したので、御懇意であると皆が噂したとのことも、白石から鳩巣の耳に入っている。

まだ成功はしていないものの、林信篤が老中と結びつき、白石に抵抗する姿勢こそ、幼少将軍になったことによる、将軍側近の在り方の変化を示している、といえるだろう。白石も間部も、彼らを信頼し、政策立案のブレーンとしていた家宣の存在がなくては、力を発揮できないのである。今も将軍側近とはいえ、その主たる家継は、自ら政治を執ることができない、権威のみの存在であるのだから……。

第四章　老中と間部詮房

「不学」な？　老中たち

前章で老中たちは、白石や鳩巣に「不学」と嘆かれていたことを述べた。その実態は、いかに。本章でじっくり見ていくことにしたい。

ある時鳩巣は、白石に、「華侈《かし》（はでやかに飾り、ぜいたくなこと〈『日国』〉）」についての心配を話した。つまり、世の中の雰囲気が華侈に流れると、いずれ困窮していき、太平の世は続かないのに、老中は目先のことしか考えていないので策を講じない、というのだ。幼少将軍だからといって、毎日城に詰め、毎晩泊番をすることだけで、責任を果たしているとはいえない、とも述べる。それに対する白石の答えが実に興味深い。

白石は言う。人の情というものを知らなければ政治は行えない。さしあたって、目出度いの、太平の、と言う時は、みなで喜び、華侈について、困窮の元などと老中が取り上げないのは、人情というものである。病人には「顔色がよく見えます。段々良くなれますね」と言うように決まっているのだ。病人が喜ぶからである。それに対して「心配ですね。養生第一になさってください」などと言えば、病人は機嫌が悪くなる。今はこのような時期である、と。

これには、鳩巣も納得するが、言われてしばらくは不快だったとしても、あとで振返ることを考えれば、倹約令を建言するのも無駄ではないのでは、と再度述べている。それに対する白石は、「後になって、直言されたものを納得して思い返すことは、学力がなくてはできないことです。不学の人は死ぬまで、『直によくなりますよ』と言わなければ、喜んで納得しないのです〈跡にて直言申ものを尤と思返し候事は学力なくては不罷成候、不学の人は死申候迄も、追付快気と申候得ば悦候て、不致合点候と被申候〉」と言い、鳩巣は「それならば、最早言うべき言葉もありません。頼りないことです〈夫なれば最早可申様も無之、頼なく候〉」とガックリ。続けて、白石は次のように述べた。

何を申したとしても、老中に学問が無いので、言う甲斐もありません。向かいに相手がいないので、ともに議論できません。意見が用いられる、用いられないという段階にも及んでいないのです。それにつけても、素晴らしい方と言えば文昭院様（家宣）でございます。経史をご覧になっており、古今の事を御存じなので、こちらから申し上げればそのままお分かり下さることは類を見ないことで……

――何を申候ても老中不学ものに候故申甲斐も無之、むかひに相手無之候ゆへ共に談申儀不罷成候、用被申の、又は用不被申のと申までに及不申候、夫に付ても気味よき御人は文昭院様にて御座候、経史御歴覧被成、古今の事を御存知被成候故、此方より申上候事その儘御合点被成候事比類も無之儀にて……

「向かいに相手がいない〈むかひに相手無之候〉」とは、なかなか強烈な物言いだ。白石の言う、学問があるとは、「経史（経書と歴史書）」などを学び、古今の事を知っていることを指すようだ。自らの学問の弟子であった家宣を称賛し、追憶に浸っている。家宣あってこその白石だったのであり、そのあり方は、家継政権期での白石の多難を示していた。

そのころ物価は日を追って高騰し、旗本は、非常に困窮し、宿直の際、夜着を持ってくることができない者が多かったという。諸国も次第に苦しくなってきたとの風聞があった。しかし、幕閣が憂慮している様子は聞こえてこなかった。毎日、会議の場では、

「めでたいことこの上ない〈万々年目出度〉」などと申すだけであった。それを評して「奥女中たちの言うようなことばかり言っている〈奥方女中局抔申者の申様成口上計被申候〉」と笑っていた人がいたとか。表の政治に直接携わることのない奥女中同然。幕閣を、政治音痴だと嘲笑しているのだ。

老中の顔ぶれ

ここで、家継政権スタート時の老中の顔ぶれを確認してみたい（「表1　老中一覧①」参照。本表は、家宣・家継政権期の大老・老中を整理したものである）。就任が古い順に土屋政直、秋元喬知、大久保忠増、井上正岑（大久保と井上は同日）、阿部正喬の五人である。

まず、鳩巣の手紙の中に最初に個人評が登場するのが、大久保忠増である。彼は、宝永二年（一七〇五）九月二十一日に老中に就任している。正徳三年（一七一三）正月二十三日の手紙の中では「気分が悪く、食べ物が胸につかえ、難儀している〈気分滞、食胸につかへ候て、難儀〉」との噂があったという。これに対して白石は「居ても居なくてもかまわない人〈存亡無構人〉」とバッサリ。三月九日の手紙には、「気分が悪く引っ込んでいるとのこと。多分良くないだろう〈気分あしく引込被申候、多分よく有之まじく〉」とあり、病気のため実質的に十分に務めを果たせていなかった様子が想像される。しかも、皆の評判は悪く、最近も大名八人に自筆の手紙で借金を申し込んだとのこと。紀伊藩主徳川吉宗へも申し込んだが、断られたとか。なんという、厚顔無恥なことか。その後、同年七月二十五日に死去した。享年五十八。

その他の老中については、秋元へは高評価であり、阿部、井上は、秋元や間部詮房の様子を見習ってくれれば今後期待できるとしている一方、土屋は最悪の評価である。ここでは、土屋政直と秋元喬知の二人に注目し

氏名	通称	就任時年齢	就任日	退任日	前職
井伊直該（大老）	掃部頭	56	正徳元/2/13	正徳4/2/23	溜詰
土屋政直	相模守	47	貞享4/10/13	享保3/3/3	京都所司代
小笠原長重	佐渡守	48	元禄10/4/19	宝永7/5/18	京都所司代
秋元喬知	但馬守	51	元禄12/10/6	正徳4/8/14	若年寄
本多正永	紀伊守・伯耆守	60	宝永元/9/27	正徳元/4/2	若年寄
大久保忠増	加賀守	50	宝永2/9/21	正徳3/7/25	雁間詰
井上正岑	大和守・河内守	53	宝永2/9/21	享保7/5/17	若年寄
阿部正喬	飛騨守・豊後守	40	正徳元/4/11	享保2/9/19	雁間詰
久世重之	大和守	54	正徳3/8/3	享保5/6/27	若年寄
松平信庸	紀伊守	49	正徳4/9/6	享保元/3/5	京都所司代
戸田忠真	能登守・山城守	64	正徳4/9/6	享保14/10/28	雁間詰

表1　老中一覧①（『寛政重修諸家譜』により作成）

ていきたい。

「極老」土屋政直

土屋政直。五代将軍綱吉政権期の貞享四年（一六八七）十月十三日より老中を務める大ベテランである。家継が将軍に就任した時には、七十三歳になっていた。鳩巣曰く「極老」。当然、老中の上座であり、すべてのことはこの人物の発言がきっかけとなって政治が動き、他の老中も土屋に譲る傾向があるという。

白石と鳩巣は、土屋へ厳しい目を向けている。

家継の将軍宣下の御祝いで、土屋は、老中井上正岑や若年寄、高家などとともに、水戸家を訪ねた。良い頃合いになった時、土屋は「御庭を拝見したい」と外に出た。急なことで、掃除などもしておらず、取り込んでいると水戸家家臣は言ったが、実際は土屋が、前日から庭見物を申し入れていたという。

このことについて間部は、この度の将軍宣下の際、めでたい内にも前将軍が薨御された悲しみを忘れないことは、家臣の心得であり、まして「股肱一体の臣」として、出席しなければならない祝儀の席には臨むものの、儀式までで終わりにするべきで、庭見物などは問題外だとした。土屋と一緒にいた井上をはじめとする面々もあきれた様子だったという。この批判は当然で、老中の行動はほんの少しの事であっても重要なのだ、と鳩巣は述べる。

最近の土屋は、隠居後、自分の楽しみに専念しようと数寄茶碗や茶入れなどを買い集めていた。下屋敷では、いつも宴会を催し、そこに行く者は、土屋に媚びへつらう軽薄な者ばかり。難しい問題には全く関心を示さず、自分の事だけ考えている。役人の中に不届き者がいた場合にも、叱責することを非常に嫌っている。これも日頃から懇意にしているからで、悪事が明らかになっても、その者のために言い訳をして、見逃してやるあり様。天下のためには、何一つしていない。いやはや。

「明君」土屋政直

とはいっても、「兼山秘策」も土屋にとっては、いわば政敵のような相手が書いたものとも言え、土屋への評価が、より悪いものに傾きがちな傾向は、あるだろう。このまま次の話題に行くのは、土屋には、いささか気の毒というもの。ここでは、バランスを取るためにも、他の史料による「明君」土屋政直像も示しておきたい。

まずは、「土芥寇讎記《どかいこうしゅうき》」である。これは五代将軍徳川綱吉政権期の元禄三年（一六九〇）頃、当時の幕府の高官が隠密に探索させた情報によって作成したとされる、大名二四三名の人物評だ（金井圓校注『土芥寇讎記』）。前節でみてきた「兼山秘策」の土屋は、「極老」で「老害」そのものだったが、壮年のころはどうだったのだろうか。

正直。生まれつき才智発明である。文武両道を心掛けて学び、ひたすら忠義に普段から務め、怠ることはない。そのためにその志は、上に通じたのだろうか。大坂城代から京都所司代を歴任し、ついには老中となった。その官職を得て石高が上がる様子は、龍が雲に乗るようであった。生れ付き悠然とし、奢ることなく、腹も立てず、深い思いやりがあるので、家臣や領民を哀憐し、政道は純粋で正しく行われている。……〈中略〉……誠に勇徹な良将である。

この時土屋は、老中の中で最若手の五十歳（「土芥寇讎記」では四十九歳）。幕府の評価は、一つとして悪いことが書かれていない。やはり名門だからなのか。いや「土芥寇讎記」は、大名の格によって、評価の手加減は加えていない。例えば、この時まだ甲府藩主で

「綱豊」と名乗っていた家宣については、「少々御短慮」「御仁心が薄いとの噂がある」「実を知らない」などと、散々に書き綴っている。となると、老中になって四年目の土屋が、綱吉政権に評価されていたことは、確かだろう。「兼山秘策」からは想像がつかない、純粋な目を政治に注ぐ土屋の姿が、ここにはある。

続いて、土屋家に伝わる二つの史料を見てみたい。「有言録」（成立は、享和二年〈一八〇二〉以降）、「御代々様逸話」（寛政期）である。これらの史料の成立の背景には、財政が低迷し、短命な藩主が続き、統率力が低下した天明・寛政期の土浦藩の危機的状況を乗り越えようと、全盛期の藩主を回顧し、理想の藩主像を展望しようとする意図があったという（木塚久仁子「資料紹介　御代々様逸話」「資料紹介　有言録」）。というわけで、後世、意図的に編纂された文芸作品とも言うべき逸話集の類であり、信憑性という面では、問題があると言わざるを得ない。

例えば、土浦藩領内の制札が、天和二年（一六八二）に「忠孝を励し夫婦兄弟睦しく」とあったのを、正徳元年（一七一一）には、「忠孝」の二字が消されていて「親子兄弟夫婦を始め諸親類したしく」と直され、現在もその文言であることについて、次のようなエピソードが記されている（「有言録」）。

以前、松平大炊頭様（初代水戸藩主徳川頼房七男。常陸国宍戸藩主徳川頼雄）の坊主方小遣を務めている者が、御用人の話を聞いたところによると、元禄年中の浅野一件の時、土屋相模守様（政直）が不在の日に、四十六士の切腹が命じられたという。天下にまれに見る重要案件の際、欠席者がいて決めるはずはない。もしや、お考えがあって、わざと参上されなかったのではないだろうか。もう少し別のやり方があるのでは、という御内意ではないか。今後、日本中の制札から「忠孝」の二字を削らなければならないだろう、と内々におっしゃっていたとのこと。ありがたい思召しだと、その時に密かに言っていた者もあったという。下賤の者が聞いたことなので、確かではないかもしれないが、制札の言葉が変わったことと考え合わせると、もしやこのような思召しだったたか、と考える。

残念ながら現時点では、その日の土屋の行動については、確認できる他の史料を見出すことはできない。ちなみに、これに関係する次のような逸話もある。

徳川吉宗が将軍職について間もなく、土屋に、自ら紫縮緬の頭巾と、鳩を彫った杖を下されたという。その際に、吉宗は、土屋を次のように称えた。

その方は、常憲公（綱吉）の御代に老中に任じられ、過ちなく、その忠義と貞節に並ぶ者はなく、よく上の非を糺し、諫言した義士である。元禄十四年三月の浅野内匠頭長矩の処罰が重すぎるとして、上をおそれず、精一杯の諫言をした力量は、素晴らしい。常憲公がこれを用いなかったのは、その方が時節に合わなかったからで、不幸というべきである。しかし、続いて文昭公（家宣）の時にも老中を務め、有章公（家継）から当代まで、変わらずに政務を執ってきたのは素晴らしいことである。

五代から八代まで四人の将軍に仕えてきた土屋。あの赤穂事件に、名将軍のイメージの強い吉宗まで絡めて、土屋の「明君」像を盛り上げる、いかにも、といったエピソードのように映る。

しかし、だからといって、これらの史料をすべて切り捨てるというのは、いかがなものか。土屋の実像が垣間見えるものはないだろうか。

「兼山秘策」で印象的なのは、茶の湯への傾倒である。これについて、小堀遠州ゆかりの茶道具を収集していたことが、現存する「土屋蔵帳」からわかる（木塚久仁子「『土屋蔵帳』と土屋家の茶の湯」）。「兼山秘策」では、年寄りの過度の道楽のような書かれ方をしていたが、「有言録」「御代々様逸話」ではどうだろうか。

まず「有言録」では、土屋がある代官の財政援助をしたことを、大老井伊直孝や酒井忠勝が、小堀遠州が財政的に苦しんでいた時に援助をした心遣いと同様であると、褒めたたえている。比較対象に、わざわざ茶人の小堀を持ってくるあたりが、土屋の茶の湯へのこだわりを示していると言えるのではないだろうか。

次に、「御代々様逸話」を見ていこう。

土屋は、茶の湯を愛したが、惑溺してはいなかったようだ。

ある時、土屋が登城して留守の間に、道具方の大竹忠左衛門が茶碗の手入れをしていたが、近習が騒いで、秘蔵の茶碗を壊してしまったのである。大竹と同役の山本半蔵が、本人では怖れ多いのではと、土屋への報告役を買って出たところ、大竹は、執り成しせずに、自分だけの不調法によるもので、切腹することのみを伝えてくれるよう頼んだという。報告を受けた土屋は、茶碗を見ずに大竹の怪我の心配をし、「忠左衛門は以前から律儀者で、懸命に仕事に励み、これまで仕事ぶりも丁寧であった。今回のことは、咎めない。道具はすべて楽しむための物なのだから、律儀者と取り換えることはできない」と述べた。大竹は赦され、騒いだ近習が御叱りを受け、監視役として近習目付が置かれることになったという。

また次のようなこともあった。先にも登場した道具方の山本半蔵が、道具の虫干しの際、付人足軽の一人に無礼を働かれたため、半蔵がその者を捕まえて放り出したという事件があった。足軽組頭の冨田団右衛門は、土屋の寵愛が深い山本が相手なので、穏便におさめようとしたが、足軽たちは納得しない。それを知った土屋は、「半蔵が居ないと茶の湯には差し支えるが、団右衛門の言うことも無視できない」として、半蔵に暇を出し、数寄屋橋外の小道具屋の世話で浪宅を構えさせたという。その後、一年余り経って帰参を申し付ける際にも、団右衛門の意向を聞いたとのこと。これらのエピソードは、土屋が、茶の湯に目がくらんで、家中を治める際の判断を誤ることは無かったことを伝えている。

それでは、土屋は、茶の湯の「心」というものをどのようにとらえていたのだろうか。ある時、食べ物を喉に詰まらせないよう、老人の客の膳には白湯を供したという亭主の話を聞き、これこそが、自分の考える「茶の湯心」で、普段からそのような心構えで過ごすべきである、と説いた。また、側の者に「茶の湯心」をどう理解しているか尋ねたところ、「濡れていない合羽でも屛風に掛けてはいけない（どんなに小さなことでも粗略にしない）ということと心得ております」と答えたのを聞き、満足していたという。土屋のまつりごとは、茶の湯の精神に貫かれていたのだろうか。

権力拡大をもくろんだ土屋政直

再び、「兼山秘策」に戻ろう。

その土屋が、ある時、一人で御城に居残り、間部詮房を待っていた。人が多いところでは話しづらいのだという。そして、次のように切り出した。

ほかの事ではない。私は、御先代より連判を免除されるなど（宝永七年〈一七一〇〉二月十五日）、特別な扱いを受けていた。以前から、連判を免除された者は、ほかの老中とは下賜品も違うなど、格も違っていた。厳有院様（四代将軍家綱）の御代の、酒井雅楽頭殿（忠清）や稲葉美濃守殿（正則）などもそうであった。しかし、現在の私は、他の老中と同じ様に扱われている。このことは、あなたの御考え一つで、どうにでもなることだ。また御当代は幼少でいらっしゃるので、老中に威勢を付けることが上様の御為になる。我々が軽く扱われていては、上様の御威光も無くなってしまう。このことが最も重大なことである。また、未だに、我々に宿直勤めがあるのは、相応しくない。若年寄がすれば十分であり、万一の事があった際にも、我々は御城の近くに在住しているのだから、間に合わないことはない。兎に角、我らを軽んずることは上様の御為にならないので、すぐに重んじられるようにしたい。決して自分のために言っているわけではないことを、分かってほしい。

それを聞いた間部は、次のように述べた。

そのような御考え、上様の御為を思われてのことと、感じ入った次第です。しかし、老中の皆様に御威勢が付くことが、御為になるのかどうか、納得できません。先代（家宣）も、党を立て、権を争うことを戒めておいででした。その上、現在、皆様に御威光が付けば、しばらくの間は御為に良いこともあるでしょうが、ご成長された後、皆様に一度付いた御威光を取り返すことは、上様にも難しいことだと思われます。加えて、外聞も悪いと存じます。ましてや、段々に身に付いた御威勢を、一通り元に戻すことは、皆様にとっても難しいことではありませんか。上様にも難しいことですから、その時には兎に角お返ししなければ御為にはなりません。また、あなた様をほかの老中様方より格を高く扱うとのことが、私一人の心得でできるとおっしゃるのは、納得いきません。文昭院様（家宣）の御遺言のように私に申せ、ということでしょうか。どんなにわずかな疑念があっても、私の考えで御遺命を偽ることはできません。次に、宿直のことですが、皆様御苦労なことと存じます。特にあなた様は、お年を召されているので、御辛いことと思います。しかしながら、現在の御奉公のことでございますので、上様の御為を思われるのでしたら、次のようなことを第一にお考えください。代替わりと申しましても御幼少でいらっしゃいますので、無事にあればこそ、でございます。万一変事があった時は、非常に大切なことでございます。そのような時に、老中様方が御城にいらっしゃらなければ、下知が機能しないと思います。本多中務（本多忠良）と私の二人は、御預口から内側のことを受け持っており、その外のことは、不案内でございます。たとえ大事には至らない、少々の事であっても、私共の埒外でございます。御為に良くないことが起こった場合、皆様が御城にいらっしゃり、すぐに下知があれば、外へ漏れることなく事が済むこともあります。若年寄の方々は一段格が下がりますので、下知が機能しません。もちろん、宿直の際は、若年寄の方々の命令を老中様方と同様に心得るように申し渡すべきだと思いますが、普段から軽く考えていては、急には難しいと思います。また、老中様方の宿直免除は、相談次第だと思いますが、私は同意できません。ただ、同役の方を増やして、間隔を空けて勤務されるようにすることは、良いと存じます。おそらく、あなた様も覚えていらっしゃるのではないでしょうか。文昭院様が、病中に御心配になり、総御留守居役を御決めになろうとした時に、老中様方はお断りになり、それならば老中を増やそうとされたのにも「私共の中で精一杯相務めますので、御心配なく」とお答えになり、文昭院様が、御満足、御安堵されたではありませんか。その時に文昭院様が老中に仰せ付けられようとした方を、今、御同役に御決めになることは、上意と同様であると存じます。また、老中様方を今までより重んじるように私共が心得るようにとの件は、承りました。しかし、そのことを文昭院様の御遺命などと偽ることはできません。ただ老中様方を重んじるように申し渡したとしても、諸役人は納得しません。このような場合は、ただ人柄の宜しい者を、みなが重んじるものと存じます。軽い役人でさえ、人物が穏やかであれば、その人の身分の程度よりも人々は重んじるように思います。ましてや、老中様方は、天下の執政でいらっしゃるのですから、お人柄さえ良く、諸事について軽々しくなければ、自然と天下の人は重んじます。誰が軽んじましょうか。お人柄で人々に重んじられ、御威勢が付くことは、どれほど付いても良いものであり、それこそが上様の御為に何よりと存じます。とにかく私の心底はこのようなことで、今おっしゃったことは、ほかの方々にも御話しになり、また、御三家にも御相談なされたらよろしゅうございます。

一つ一つのことに丁寧、かつ論理的に答えているが、その中に、チクリチクリと土屋への皮肉が交じる、大演説である。

それを聞いた土屋は、「まずは、このことをそなたに聞いておいてもらおうと思って〈先此趣御自分に御聞候て置れ候様〉」と言い、席を立った。言い返す言葉が見つからなかったのだろう。

土屋の発言からは、それらしい理屈を並べながらも、幼少将軍だからこそ、老中が権力を増長させようとしている様子が見て取れる。しかも、個人的には特別扱いを望んでいるところが、何ともセコい。しかもその発言は暗に、家宣の遺言を偽らせようとしているると、間部に見抜かれている。これは、遺言をどうこうできる立場にいるのは、間部だけであるという、将軍側近のありようを示しているといえ、土屋はそのように言うことによって、間部の権力の大きさを指摘してプライドをくすぐりつつ、自分の意向を通すつもりだったようだ。しかし、間部はあくまでも亡主家宣に忠実であり、土屋のように権力欲にまみれた人物ではなかったということだろう。

このエピソードには続きがある。後日、大老の井伊直該が、間部に、老中が泊番をするのは、軽々しいと思われるがどうか、と言ったという。間部は、この問い掛けが、井伊一人の意向ではないことを察し、先日も同じことを言ってこられた方があったと、土屋に述べたことを繰り返した。井伊は、非常に感心して、間部の言う通りだとして、この話は沙汰やみになったという。ちなみにこの井伊に対して白石は、秋元・間部とともに「廉潔正直」であるとし、「才知は見えないが、家風を守る様子がはっきり見え、現在は柱とも礎とも頼む方だ〈材力は相見え不申候得共、家風を守り被申処有之急度相見へ、此人只今柱石の臣に御座候〉」と評価している。

自らは間部の意見に反論することができなかった土屋は、あれから井伊の所に行ったのだろう。大老である井伊を通して、再度、間部に働きかけたのだと考えられる。

この土屋こそが、白石や鳩巣のいうところの「不学」の老中の代表であり、厄介な人物であったようだ。白石によると、日ごろから土屋は、「倹約令を出しても、一昨年（宝永七年〈一七一〇〉）出した武家諸法度のような難しい文言では、世の中で理解できる者があるだろうか。林大学頭（信篤）でさえ分からない部分があるのだから、そのように心得よ」と言っていたという。この時、武家諸法度を起草したのは白石であり、それまで漢文体で書かれていたものを、和文体にした上に、より内容を具体的にしたものなのだが……。土屋の発言を聞いた白石は、あの程度の文言がわからないようでは、信篤は儒者とは言えないと呆れた。せめてこの程度のことは読んでわかるだろうとの家宣の意向で、様々配慮されてこの法令を仰せ出されたのに、それを守るべき第一の者である老中が、このような態度では下々の者が守ることは心もとない、と嘆く。

続けて白石はこう述べる。

土屋殿は、林大学頭を贔屓になさっているため、私を憎んでおいでだと言われているが、それは、上様を軽んじておられると申すものである。天下の老中などが申すことではない。

――土屋殿、林大学頭を鼠肩に被仕候故、某抔をにくまれ候と被申儀にて可有之候得共、上を軽んぜらるゝと申ものにて候、天下の老中抔の被申儀にては無之

私を憎むことは、上様を軽んじていることと同じ！　家宣の信頼を受け、政治を支えていたのは自分であるという、白石の強い自負が感じられる。それなのに、現実は……。

白石のこの思いには、同情を禁じ得ない。

白石は『折たく柴の記』に、家宣に最後に対面した時の様子を「お言葉をおっしゃることなく、ただ眼を見開かれて、私の方をじっとごらんになっているだけだった〈仰出さる、御旨はなくて、たゞ御目をひからせ給ひて、某がかたをつくぐ〵と御覧じてのみおはしましけり〉」と記している。言葉を発することなくも、家宣から目で「あとを頼む」との気持ちを受け取った、という強い思いが、その後の白石を突き動かしていたに違いない。単に幕府官僚として仕えていた老中とは、訳が違うのだ、と。

一方土屋が信篤を贔屓にする様子には、白石や間部を頼りとした家宣の政治運営に対

して、不満を抱き続けていたことも見える。この鬱屈した思いから、幼少将軍就任を機会に、自らの手に政治の主導権を取り戻そうと画策しているのが、この時の状況だろう。土屋と林信篤は、利害関係が一致していたのである。

ここに、間部詮房＋新井白石 vs.土屋政直＋林信篤、という図式が見えるようである。

「昼の星」秋元喬知

最年長で老中上座にある土屋政直が、間部や白石の前に立ちふさがる状況下で、唯一といっていいほど、白石と鳩巣が評価しているのが、老中秋元喬知である。鳩巣は、家継政権が始まる際に、秋元さえ無事に政権に御入りになれば、頼もしい、などと述べていた。一方で、「一人ではどのような御考えも実現するのは難しい、と思われる。万一、老中が不和になっては、御為にもよくないことなので、その

秋元喬知（光巌寺所蔵）

ところを現在第一に思われ、慎んでおられるように見える。これもやむを得ないことと存ずる〈壱人にては如何様の御存念も難成事と見へ申候、万一老中不和に罷成候ては御為不宜儀に候故、其処を只今第一御慎と見へ申候、是も無余儀事と存候〉」とも言っており、大分控えめに勤めていたようだ。秋元喬知とは、どのような人物だったのだろうか。

秋元殿は、知力に優れ、そのうえ清廉潔白な御様子といいます。新井氏もこの方を通して、考えを申されているそうです。文昭院様〈家宣〉の時代より、間部殿と考えが合い、現在でもその様です。何事も間部殿と御相談されているように見えます。

——秋元殿智深く其上廉潔成御様子と申候、新井氏も此人にて考申由被申候、文昭院様御時代より間部殿とあい口にて、今以其通に御座候、何事も間部殿と御相談と見へ申候

しかも、古い家柄のために、旗本や老中から非常に人望があり、特に大切な人物である、とも述べている。次のようなエピソードが記されている。

先日も、福井藩主松平吉邦より老中に贈り物があった。受け取るべきかどうか、今度、増上寺惣奉行の任に付いた秋元次第ということになり、他の老中たちが尋ねてみると、

何の挨拶もせずすみやかに返した、とのことで、他の者もそれに従ったという。清廉潔白な人物であり、役人の賄賂の事件を聞けば「非常に悪いこと〈ひたもの悪敷〉」と言った。秋元がいる間は、賄賂の横行はないのではと、鳩巣も大いに期待している。

この姿勢は、間部と一致する。ある人が贈り物をした際、間部はすぐに返却した。それを見た家臣が、その人物からほかの方々へも贈り物があっただろうから、ほかの方に聞き合わせたらどうかと言うと、「私は、ほかの方がどのようにされても、受け取ることはしない。聞き合わせるには及ばない」と述べたとのこと。鳩巣によると、先代の頃は、幕閣たちが賄賂を受け取ることはなかったが、それはあくまでも家宣を畏れていたからであって、本来、贈り物はうれしいものなので、家宣の他界早々に、雰囲気が変わったのだという。ここにも幼少将軍の権威の弱さが表れているといえよう。

間部がこのような姿勢を貫くと、老中は受け取ると恰好がつかなくなる。その中で、間部に受け取らせようと、小細工をしたのでは、と思わせるできごとがあった。

ある時、大目付が諸大名の聞番（幕府や諸大名家に対する渉外担当者）を呼び、「老中への音信、付届の際に、間部・本多にはしないと聞いている。これは適切ではない。間部・本多は、老中と同じに心得よ。また、若年寄も同様であり、老中への音信、付届の際には、若年寄にも送ること」と申し渡したという。一見、将軍側近である間部と本多の二人の格を引き上げたようにも見える内容である。

それを聞いた者の中には、「間部一人はどこからも音物《いんもつ》を受け取らず、格別の存在だと思っていたが、さてはとうとう同じになったか」という者があったという。しかし、それは間部の与り知らないことであった。間部は、後にこの大目付の申し渡しのことを聞いて、大いに驚き、そして思い当たった。間部の実弟詮言と老中阿部正喬の娘との婚儀の際に、普段付届をしてこない者がみな、祝儀を届けて来たことに……。その時はすべて断り、返却しながら不審に思っていたが、この申し渡しが原因だったのだ、と。

このことから、間部の知らないところでも、幕府の方針が決められていることがわかる。もちろん、この中身では間部が介入したら、成立しない申し渡しとなってしまうから、この件に関しては排除したとも取れるが、後々も間部にすべて相談するように、という先代家宣の遺命は、守られていないということには変わりない。

後に、この件の首謀者は、老中上座の土屋政直で、彼は、わが子陳直《のぶなお》の婚儀の際に諸大名から祝儀を受け取ったので、今回間部も同類にしようと大目付にこのような命令を出させた、という話が漏れ聞こえてきたという。先にも見たように、上座の土屋が言い出すと、ほかの老中は譲る傾向にあったから、この命が成立したようだ。

このように見ていくと、賄賂を拒否することは、この環境の中でなかなか特異なことであり、秋元の一本筋の通った人柄が感じられるではないか。鳩巣は、次のように記す。


秋元殿お一人は、昼の星と言われています。

——秋元殿御壱人、昼の星と申し候

昼間なので、つまり環境がふさわしくないので、あまり輝かないのだが、本人は光る優れた存在である、ということだろう。

老中と間部詮房

このような老中たちと、間部詮房の関係は、政策決定において、どのようなものだったのだろうか。より具体的に見ていこう。

家継政権期に入ってから、政務は、老中が間部に相談し、間部がそれを白石に相談の上決定して、老中へ申し入れるという流れを経ていた。そのラインの中で、間部が白石に相談していることは、いわば内々のことで、老中たちはその点もよくわかっていたのだが、この頃になると、その方法がスムーズに進まないことも出てきたのである。「倹約令」。将軍が幼少のこの時期に決めることが、今後長きにわたり実施される定法となることから、審議が長期にわたったのである。不安を感じた間部は、大老の井伊直該に次のように述べたという。

文昭院様（家宣）の御代に、このようなことが仰せ出された際には、新井筑後守（白石）に御相談され、その上で決定し、法令の文言なども筑後守により決めていました。今回もその通りにするべきではないでしょうか。老中方が御詮議の上で決めれば、林大学頭に仰せ付けられるのではないでしょうか。

それに対して井伊は、「文昭院様御代の通りにするのが当然」といい、御老中の内の誰か（おそらく秋元喬知だと、鳩巣は記している）も「文昭院様が御存生の時さえ筑後守に御相談されたのだから、まして現在、筑後守に意見を聞かないなどとはあり得ない。掃部殿（井伊）がおっしゃった通り、そのまま先代の通りにすべきである」と述べたのだという。

これは、白石より鳩巣に語られたエピソードである。鳩巣は、そのようなことであれば白石も勤めやすいだろうと安心。井伊や秋元は、愚かで考えもなく、今まで通りとしているのではなく、いずれも聡明で、日頃から白石を信頼しているから、そう言っているのである。これなら、老中も自然と白石に相談するようになると述べる。そして、ここに「三美」がある、という。「三美」とは何か。

①間部殿は無心の人である。その上、いささかも怒る様子はない。老中と良い関係を築いているからである〈間部殿無我の人、其上毛頭おこり被申気味無之、御老中と和し被申候故にて御座候〉。

②新井氏が申されることは道理にかない、また人となりも、老中が事前に聞き及んでいるためである〈新井氏被申処理に当り、且又為人も兼て御老中方被聞及故にて御座候〉。

③老中方は自らの威信を振りかざして、ひたすら権力を振り回すことは少しもないようだ〈御老中方自分の威を振候て権を専に被仕候事少も無之様に御座候〉。

このころ、間部は白石にしみじみと礼を言ったことがあったらしい。「片腕のように思っているので、ぜひ元気でいてほしい〈片うでの如くに存候間、随分息災に居被申様に〉」と。これで、白石―間部ラインは、盤石となったのだろうか。いや、鳩巣の分析は、楽観に過ぎたようだ。

倹約についての法令は、白石が意見を出したものの、土屋等の老中があれこれと言ってきて、埒が明かなかった。鳩巣は、現在は家宣の治世の時とは違い、老中の方に政治の実権があるので〈只今は文昭院様御在世の御時とは替り、御老中の方に政柄有之候故〉、間部より白石の考えがそのまま示されても、老中が賛成しないことがあるのではないかと、推測している。また、老中方と間部らとの間が、穏やかな場合には、十の内二つ三つ程は実行されるのがせめてもの頼り、などとも述べており、その勢力の逆転ぶりがうかがえる。この倹約について鳩巣は、正徳三年（一七一三）十二月二十四日付の書状の中で、きっと年内か来春には実現するだろうとしつつも、白石の意見に一条も老中の賛成が得られず、間部もどうすることもできない様子を伝えている。そして、この状況をまとめて、「死病良医なし」と。

同様の状況は、政策決定だけでなく、法令施行の段階でも起きていた。衣服の御定が出される以前に、町奉行から出入りの呉服屋へその内容が内々に知らされ、急に呉服屋が高価な品を売り払ったのである。倹約令が、役人と商人の癒着の中で、骨抜きにされたのだ。間部は、是非もないこと、と、ため息をついていたとか。鳩巣は、まさに現在の政情は「難治至極の病人」ともいうべきもので、特効薬も無く、「祈禱やまじないの類」で日々を過ごしているような状態だと述べる。しかし、間部が一人いる内は、まだ大丈夫、どうか間部が息災でありますように、とも。

このような中、老中の秋元喬知は、身を捨てて天下のために働くよりも、他の老中に遠慮している様子で、間部の助けにはなっていなかったようだ。

間部の苦悩

それでは、そんな老中の仕事ぶりは、どのようなものだったのだろうか。白石と鳩巣の見解であるので、厳しい評価であることを割り引くべきだが、次のようなエピソードが伝えられている。

ある時、将軍側近の本多忠良が火事を出した。早速、老中たちは見舞いの品を届けた。ところがその後、本所で火事が起こった際には、老中らの下屋敷が延焼したことに怒り、火元の者を重罪とするように言い出したのだという。白石は、火元を罪に問うのであれば、本多の時も同じ事だと、その矛盾を指摘した。天下の御政道としてあるまじきこと、と述べ、この決定は中止となったという。老中も、自分の屋敷が焼失したことで頭に来ただけではなく、今後火事の際に、獄中に三年四年入れられている囚人が脱獄することを危惧し、早急にこのような決定を下そうとしたようだ。しかし、そうはいってもこの判断はあんまりだ、と白石は眉をひそめている。この時の、白石と鳩巣の語らいの中では、他にも多くの話が出たらしい。白石は、老中たちが政務にまったく思慮が無く、あらゆる案件を廃置することについて、非常に鬱憤がたまっている様子だった。詳しくは筆紙に尽し難いほどだと、鳩巣は記している。

このような状況下、間部は苦悩していた。将軍が幼少であるため、結局は、老中の言うようになってしまうのである。間部の力で、家宣時代のやり方を踏襲しようにも、いかんとも、しがたかった。鳩巣は、日夜政務に力を尽くす様子を「一髪《いっぱつ》の千鈞《せんきん》を引く〈きわめて危険なことをするたとえ〈『日国』〉〉」と評し、人の精根も限りがあるので、あの様子では、続かないのではないかと心配する。

例えば、次のようなことがあった。間部は、忙しい政務の間を縫って、十日間、評定所（幕府の最高裁判所にあたるもの。評定を行うのは、寺社・町・勘定の三奉行。老中は一日傍聴する）の公事に出席していた。これは、先代家宣時代からのことで、家宣の意向で行われていたことだった。しかし、間部の知恵を借りるために、難しい案件が出されることはなかった。実際は逆で、何の手間もかからないものばかりが協議された。というのは、問題がある案件は、役人たちのやり方があり、間部が来ている間には取り上げず、別の日に行っていたのだという。重要案件から間部は蚊帳《かや》の外。そのことが後日明らかになっても、問題にはならなかった。なぜなら、老中をはじめとする諸頭・諸奉行ら評定所メンバーは、同じ穴の狢《むじな》だったのだ。

読者の皆さんの中には、白石や鳩巣の語り口から、老中に怒りを覚え、間部が気の毒になってきた方も居られるかもしれない。鳩巣は、間部が多忙な中評定所に通うことを、今も家宣の意向を忘れていない殊勝な事、と感涙に及んでいるが、はたしてそのような忠義の美談としてだけ捉えていいものだろうか。

老中をはじめとする評定所メンバーの立場になったらどうだろう。彼らにとって、間部の出席は、家宣時代だからこそ、受け入れられたのである。なぜなら、間部を、政策を自ら立案し実施する将軍家宣の代理人として見ることができたからである。間部の発言は、家宣の意向を伝えるものなのである。しかし、将軍が家継になってからは違う。家継は、権威としての将軍ではあるが、政策を立案実施する面からすれば、それが不可能な頑是ない子供なのである。間部の意見は、将軍家継のものではありえないのだ。それなのに、間部は評定所にやってきた。確かに、間部は家継の代理として出席していることは間違いないし、そのことに異議を唱え、追い出すことはできない。しかし、現将軍の代弁者とは認められない間部の意見を聞く筋合いはないのだ。だからこそ、間部の前には、ある意味どうでもいい案件しか出さなかったのである。

白石や鳩巣の見方に従えば、間部は、決して自らの意向を政務に反映しようとしたのではなく、前将軍家宣の遺志の伝達者として、現在の政務を担う存在として、自らを位置付けていたのだろう。しかしそれは、多くの老中たちには通用しなかった。老中たちは、徳川将軍の家臣であり、家宣という個人に仕えていたわけではないのだ。彼らの主君である徳川将軍は、あくまでも現将軍の家継なのである。家宣の魔法は時の経過と共に解けてしまった。いまや強力な後ろ盾を失った名ばかりの将軍側近など、老中にしてみれば、今まで政治力が発揮できなかった複雑な思いも込めて、間部のそもそもの姿である成りあがりの一大名に過ぎなくなっていたのだろう。

「私を憎むことは、上様を軽んじていることと同じ！」と白石は述べていたが、その理屈は、老中たちには、もう通じなかったのである。

第二部

徳川吉宗の巻

徳川吉宗（徳川記念財団所蔵）

第一章 「八代将軍吉宗」の誕生

家継の死

家継の死について、「兼山秘策」は、あまり多くを語ってくれない。

正徳六年（一七一六）春以来、家継の体調に少々変化があったが、さほど重病のような様子ではなかったという。四月十五日までは表に出御していたが、その後急変し、四月晦日の暮過ぎに薨御した。享年八。家宣の「水の上の泡の様な」との心配は、残念ながら当たってしまったのである。

翌五月一日の朝、登城した諸大名や幕臣たちに、老中が列座の上、家継の薨御と、後見として紀伊藩主徳川吉宗が二之丸入りしたことが伝えられた。その後諸大名らは、しばらく待たされ、再び老中より「中納言様（吉宗）が天下を御相続になったので、紀伊の御家は左京大夫殿（宗直）が継がれた。今後は左京大夫殿を紀伊殿と呼ぶように」と仰せ出されたのである。最初の、家継の薨御の伝達の時は、間部詮房も列座していたが、二度目の新将軍に関係する申し渡しの際には、間部の姿はなかった。将軍が変われば、前の将軍側近は政治の第一線から降りることを、よく表しているといえよう。

翌二日より、吉宗を「上様」と称するよう一同に命じられた。それから毎日のように、諸大名以下直参の面々が、吉宗の御機嫌伺いのため二之丸を訪問した。ただしこの時、間部が、同じく側近の本多忠良とともに、老中の後について二之丸へ行ったために、「どのようなことがあっても、（家継の側近であるからには）その尊骸の御側を離れることはないはずなのに、早くも新しい当主へへつらっている」と噂されたという。家継の遺骸が増上寺に入れば、追って隠居を願い出るだろうとも言われていたが、そのようなことも無いまま「雁之間詰」になったため、未だに威勢を貪っている、と評された。

間部は、将軍側近であったからこそ、家宣・家継の治世に活躍したが、その姿は譜代の者たちにとっては、成り上がりの新興大名として目障りな存在だった。その当時は抑えていた思いが、家継の死をきっかけに、遠慮なく噴き出しているのだ。

将軍側近の悲しい宿命である。

八代将軍吉宗誕生の真相

それでは、紀伊藩主徳川吉宗はどのような過程を経て、家継の後継者となったのだろうか。そのころ、青地麗澤は江戸に居たようで、鳩巣にこの件を尋ねている。鳩巣の言葉から、その経緯を再構成し、分析してみたい。

家継は、正徳六年（一七一六）四月二十八日頃に急に病状が悪化し、その日のうちにも落命しそうな様子となった。そこで吉宗に「後見として江戸城に入られるように〈為御後見御城中に被成御座候様に〉」と、天英院（家宣正室）から老中の土屋政直と側近の間部詮房を通して、伝えられた。これは、先代家宣の遺書に、家継に万一のことがあれば尾張、尾張に問題があれば紀伊を立てるよう記されていることや、家宣が直接そう述べていたことを踏まえたといわれる。

吉宗は、「御家柄では尾張殿、御年齢では水戸殿であり、私は思いも寄りません〈御家柄を以申候時は尾張殿、御年老を以申時は水戸殿にて候、私事は不存寄候〉」と何度も辞退の意向を示したが、水戸藩主の徳川綱條は、「御請けになるのが当然〈御請被成可然〉」と述べ、老中は誰一人物を言わなかった。間部が「御遺言といい、一位様（天英院）の御意といい、御辞退されてはいけないと存じます〈御遺言と申、一位様御意と申、御辞退被及間敷儀に奉存候〉」と述べている最中、吉宗に奥よりお召しがある。

天英院は、家宣の遺言通り、後見を吉宗に依頼し、手ずから御祝の打ち鮑を進呈した。家継が危篤状態の中、嫡母である天英院が後継問題に携わる様子には、大奥の女性が表の政治的なことにも関わる力を持ち得ていたことを示しているだろう。吉宗は「御請けするかどうかは、表へ出て、詮議の上で申し上げます〈御請の儀は表へ罷出候詮議の上にて可申上〉」と返答したところ、天英院は「御辞退は成りません〈御辞退に被及間敷〉」と強い口調で述べた。そして立ち上がり、「越前守（間部詮房）のことは、文昭院様（家宣）の御取り立ての者なので、以後お見捨てになりませんように〈越前守事は文昭院様御取立の者にて候間、以来御見捨被下間敷〉」と仰せになる。吉宗は「そのことについても、とにかく表で、各々詮議をしてお答えいたします〈其儀も兎角表に出て各詮議の上を以御請可被遊〉」と退かれた。

この天英院の発言は、大奥のトップで、表の政治世界に関わり得る立場とはいえども、やはり一線を画している女性らしい発言の様に思われる。将軍側近は、その将軍が政治世界を去った時に、一緒に退き、次の政権に携われないことが当然である。そのような残酷とも言える政治世界に、温情にあふれた一言を投じた姿には、女性ならではの面を見ることができるのではないか。

しかし、吉宗はその情には流されない。幕府政治構造に大きくかかわる問題が含まれていたからである。将軍後継決定過程における、天英院の存在感の大きさの背景には、将軍が幼少で、自ら政治判断ができない存在であったため、表と大奥の境界がはっきりせず、それまでの政権より、大奥が表の政治領域へ踏み込む傾向が見られたという、家継政権期の特殊事情があった。

実際、それは目に見える形でも表れていた。例えば、「間部日記」の正徳二年十二月二十一日の記事によると、その日、家継は初めて御三家と対面し、表で諸礼を受けたが、黒書院に出御する際には、間部に抱かれ、年寄の倉橋、中臈頭の清科、大年寄並の丹後と乳人が付き添っていたという。「表」の黒書院にまで、奥女中が同行しているのである。この時期は、将軍が幼少であることから、部屋割りも、「奥」に女中の詰所が設けられるという異例の構造となっていた（深井雅海『綱吉と吉宗』）。そのことに加えて、吉宗の将軍就任に天英院の力が働いていることから、ここで歯止めを掛けなければ、新政権でも大奥の意見が表に影響する可能性が考えられることを、吉宗は察知していたのである。後見も、間部の処遇についても、天英院に明確な返事をしない様子には、あくまでも大奥と表の政治的な境界線を明確にしようとする吉宗の政治姿勢が表れているといえるだろう。

綱條は、天英院の意向を聞き、「尾張様の御家は五郎太殿（吉通の子）で終わりで、現在は新家同様である。一位様（天英院）のご意向に従う以外ない〈尾張様御家は五郎太殿にて先は終り申候、只今は新家同事に候、唯一位様の思召に御随被成可然〉」と述べた。尾張の現当主継友は、吉通の実弟で、もはや直系ではない、ということだろう（一五頁「系図1　徳川将軍家略系図」参照）。この時も老中は誰一人発言する者はいなかったが、間部は「恐れながら天下の為をお考えになり、ご辞退無く御後見にお立ち下さるのが当然と考えます〈乍恐天下の為を被思召、無御辞退御後見に御立被遊可然と奉存候〉」と申し上げたという。この間部の発言については、老中を差し置いてしゃしゃり出て、吉宗に媚を売っている、という解釈をする向きもあるだろうが、それは事実ではないだろう。間部は、将軍家宣・家継の側近として、両者が亡き今、その正室、嫡母であるといっても、表の世界では発言できない天英院の代弁者としての働きをしているのではないだろうか。

綱條は吉宗を上段に導き、自らは中段に着座した。尾張藩主の継友とともに、手を付き、脇差を取ったところ、吉宗は「そのまま、そのまま〈其儘〳〵〉」と、中段に下りて留めたので、綱條は脇差を身に付けたという。次期将軍となることが内定した吉宗に対して、当然とはいえ、すぐに立居振舞で、その立場の差を示そうとした律儀な綱條と、「まだよろしいではありませんか」と言わんばかりの、吉宗の行動の対比が面白い。その後吉宗は、再び上段に戻ることなく、穏やかに天下の政務について相談された。その後、家継薨御の御披露があり、翌一日に諸大名へもそのことが伝えられたとのこと。

同様なことは、その後にもあった。正徳六年六月二十一日付の小谷継成（室門七才の一人）から青地兼山にあてた書状には、綱條との対面の際に吉宗が会釈をしたエピソードが記されている。これは、紀伊藩主時代の挨拶の仕方であった。綱條が当惑して、そのことを指摘すると、まだ将軍宣下が済んでいないから、とのこと。高ぶらない吉宗の性格の一端がうかがえよう。

なお、尾張家の継友ではなく、紀伊家の吉宗が将軍職に就いた根拠について、世間では、家宣の遺言を受けたのは、先々代の尾張藩主吉通であり、継友ではないことと、吉宗は家康の曾孫で、玄孫である継友より血筋が近いためだと噂されていた（一五頁「系図1　徳川将軍家略系図」参照）。加えて、次のようにも言われていた。

とりわけ御英明の聞こえもあり、天意にも叶い、世の人々も望んでいることであるので、この上は、天下が永遠に続く礎となるだろう、と臣下たちも安堵しているところである。第一素晴らしいのは、生れ付き倹素を好まれ、華麗をお嫌いなこと。質素だそうである。あまりにも贅沢なことが、今どきの大きな弊害となっているので、今後この風儀が改められるだろうと期待している。

――殊に御英明の御聞も有之、天意人望の属する所に御座候へば、此上には天下の御長久の基と群臣奉安堵候御儀に御座候、第一結構成御儀には、御天性倹素を御好華麗の事御嫌の由、御質素成御儀と申候、驕奢当世の大弊に候処、此後此風改り可申仰望

世間の期待を一身に集めていたのである。それは、白石も鳩巣も同様だった。享保元年十月二十四日付の書状には、老中たちが吉宗を恐れ憚っているようにみえることを、白石が喜ばしく思っていた、と記されている。また、吉宗は「天下一」と言われているという。

東照宮（家康）より当代までで、将軍は八代であり、「下」の字の小点が有章院様

（家継）にあたる。このことは面白い。

つまり、「天下一」は合わせて八画。八画目、つまり八代将軍は「天下一」の将軍であり、幼くして薨御した七代家継に当たる七画目は、「下」の字の小さな点の部分だというのである。この符合が面白いと、二人の儒者は、語り合ったようだ。また、鳩巣は別に、「昨年は東照宮没後百年で、今年は百一年目にあたり、また元祖の血筋に戻ったのは、みな天命であり、人力の与り知らないところである〈去年東照宮百年にて、当年百一年目に又元祖の御脈へもどり申候、是皆天命にて人力の預り申候処には無之〉」とも述べている。

多くの人々の希望の星。吉宗とは、どのような人物だったのだろうか。

下の者へのまなざし
てんてん手鞠　てん手鞠
てんてん手鞠の　手がそれて
どこから　どこまでとんでった
垣根をこえて　屋根こえて

おもての通りへとんでった　とんでった
おもての行列なんじゃいな
紀州の殿様　お国入り
金紋　先箱　供ぞろい
お駕籠のそばには　ひげやっこ
毛槍をふりふりやっこらさの　やっこらさ

読者の皆さんは、この童謡を口ずさんだことがおありだろうか。私は、平成二十四年（二〇一二）に、国立歴史民俗博物館（千葉県佐倉市）で行われた企画展示「行列にみる近世—武士と異国と祭礼と—」の中で、この歌詞を目にした。ただ、その時はあまりピンと来ず、後で母に尋ねたところ、二番まで覚えていて、歌ってくれた。聞いているうちに、知っているような気もしてきた。何とも言えない懐かしいメロディーだ。

昭和四年（一九二九）に、西条八十（作詞）・中山晋平（作曲）により「コドモノクニ」誌上に発表された、童謡「鞠と殿様」である。なぜ、近世の行列の展示でこの歌詞が紹介されているのか。それは、二番に見られるように、金紋の先箱（挟箱）を持つことが許された、御三家である紀伊徳川家の初めての御国入りの行列を歌ったような歌詞だからである。もちろん、西条・中山ともに明治二十年代生まれのため、実体験に基づくものではない。また、制作の背景も不明だ。現在、私たちが教科書などで目にする大名行列の絵図や人形は、明治二十年（一八八七）ごろから、作られるようになったものといわれる。加えて、現在、様々な場所で見ることのできる、大名行列の再現イベントも、明治三十一年の東京奠都三十周年記念祭がきっかけだった。二人も、これらの物を見ながらこの童謡を創作し、当時の人々も、江戸時代の大名行列を思い描きながら歌ったのだと考えられる（展示図録。久留島浩氏解説）。

しかし私は、展示を見ながら別の事を考えていた。「紀州の殿様」。そして、二番の終わりの部分の、「お駕籠のそばには　ひげやっこ　毛槍をふりふりやっこらさの　やっこらさ」の歌詞から、「兼山秘策」にある次のエピソードを思い出していたのである。

吉宗は、紀伊藩主だった頃、食後に、藩邸内を歩くことを日課としていた。邸内は二往復すると一里にもなったという。ある時、気晴らしとして自ら、そして近習にも、やっこを振るような、つまり手を振って足を高く上げて踏みならす歩き方で、一往復歩かせた。そして、次のように言った。「やっこを振るというのは、手足ともにくたびれるものだ。このようなことでは、何の役にも立たないので、供の下々の奴ぶりは今後無用とするように」。それ以後、紀伊家の家中では「不自然な動作の供廻り〈異形成仕形の供廻〉」は無くなったという。

つまり、「毛槍をふりふりやっこらさの　やっこらさ」というのは、吉宗が止めさせたのである。童謡「鞠と殿様」の「紀州の殿様」は吉宗より前なのか。それとも、後の藩主のだれかが復活させたのか。いやいや、西条八十のイメージの中の紀伊藩主ということだろう。

話を本筋に戻そう。このエピソードには、吉宗自らも実践し、身近な家臣たちにもやらせてみてから、慣習の変更を命じたことが描かれる。つまり、周囲を納得させてから、新しい試みを実行するという、配慮の行き届いた吉宗の政治手法が垣間見えるのではないだろうか。この方法は、下々の家臣への優しい心遣いとも言えるだろう。

家臣への心配りが感じられるエピソードには、次のようなものもある。やはり紀伊藩主時代の事。吉宗が厩に行くと、馬卒が厩の二階に紙帳を吊っているのが見えた。「あの紙袋の様なものは何か」と、吉宗は側の者に尋ねた。ちなみに、紙帳は白い紙できた蚊帳である。冬には防寒にも用いられたというから、夏場は、風通しが悪い事が容易に想像できる。吉宗もそのような説明を受けたのだろう。「広い室内に蚊帳をつっても暑くて辛いのに」と、狭い厩の二階に紙帳を吊る馬卒の耐えがたさを察した。「ひとつひとつ蚊帳を下賜するのも手間なので、二階の寝場所に窓を切って、風が入るようにしてやりなさい」との御意で、急遽厩の二階に窓を作ることになったという。これも「下情を憐察」されるがゆえだと、鳩巣は評価する。

その優しいまなざしは、領民にも向けられた。

ある日、鷹狩に出かけた吉宗。その途中で、肥溜に落下。全身汚物にまみれてしまった。「この肥溜の主を呼ぶように」との御意である。現代の私たちからすれば、何だかコミカルな場面であるが、当時は、そうはいかない。将軍が何とも無残な状態になってしまったのだから……。その場の空気が凍りついた。これは御前に召し出されて御手討になってしまうにちがいない！

しかし、吉宗の対応は、家臣たちにとって、意外なものだった。肥溜の主に対して「その方が、きっと大切にしていたものなのに、うっかり思いがけず、粗忽なことをしてしまった〈其方定て大切に可存物にて候処、風と思召懸も無之、卒忽の儀被遊候〉」と言い、着ていた衣服は勿論、腰の物まで下賜したのである。農作物を作るには欠かせない肥溜。そこに侵入してしまった自らの方に落ち度があるとし、詫びとして破格ともいうべきお垢つきから腰の物まで渡した吉宗の行動は、彼の潔さだけではなく、農業を生業とする領民こそが、武士たちの生活を支えてくれているという感謝と敬意を示すものではないだろうか。

なお、肥溜に落ちるなど、普通はあり得ないこと。勝手気ままに、農道に入り込んでいたのだろう。このエピソードは、吉宗のそれまでの将軍の枠に嵌らない、破天荒な姿を示しているともいえる。次節で、より詳しく見ていこう。

「大気者」吉宗

吉宗は、子供のころからなかなかの大物だったようだ。紀伊国の外海玄伯という人物から聞いた話として、青地麗澤は次のように記している。

幼い頃、対山様（吉宗父。二代紀伊藩主徳川光貞）が、お子様方三人を召して、簞笥を一つ取り出し、「これは鍔である。それぞれにやるので、選ぶように」とおっしゃった。すぐに中納言様（綱教）がお開きになり、三つを選び取られた。その次に、内蔵頭様（頼職）が同様に御取りになった。主税頭様（吉宗）はしばらく思案されて、「これは残らず頂きたいです」と仰せになった。対山様はお喜びになり、「いつもの大物に、残らずやろう」と御意があった。（主税頭様は）拝領し、お付きの家来たちに二、三枚下さり、残りを用いられた。

――御幼稚の時、対山様御子様方三人を召、御簞笥一ツ御出し、是は鍔にて候、各へ可被下候間御選取可被成旨被仰候、則中納言様御ひらき被成、御選にて三ツ御取被成候、其次に、内蔵頭殿御同然御取被成候、主税頭様は暫御思案被成、是は不残拝領仕度旨被仰上候、対山様御悦被成例の大気者不残被下候旨御意にて候、扨御拝領被成候て、御付の御家来衆へ皆被下二、三枚残候を御用被成候

兄たちが、それぞれ三つずつ選んだのを見て、それに倣うのではなく、大胆にも残らず全部貰うという、末っ子。ただの「大物」ではなく、「いつもの大物〈例の大気者〉」というところに、父光貞の満足げな様子や、普段からの吉宗の大物ぶりが想像できる。もちろん、すべて一人占めということではなく、お付きの家来たちに二、三枚与えたとこ

ろに、子供ながらにも、下の者への優しさも垣間見える。

鷹狩のエピソードも紹介しよう。将軍になってから、本庄へ行かれた時のこと。吉宗は、百姓が荷う桶のようなものを担ぎ、寒中、木綿の様に見える着物一枚で、左の手に鷹を据え、供の者をすっかり置いてきぼりにして、一人で野辺を歩いていたのだという。このようなことだから、紀伊藩主時代に肥溜に落ちたわけである。何というフットワークの軽さ！

鷹には自ら餌をやった。獲物の鶴の羽も自ら押さえつけたといい、その鶴の血を茶碗で飲み、手に付いた血を鷹匠の頭巾で拭いた。何と豪快なことか。鷹匠の戸惑い顔が、目に浮かぶようである。

その後、吉宗一行は、百姓の家に入って酒を飲んだ。供の者たちにも勧め、若年寄の大久保常春などは、酔顔に見えたとのこと。将軍の前で、若年寄が酔っぱらうとは、随分、和やかである。鳩巣はこのエピソードを、実際に御供をした人物から聞いている。曰く「その他のお聞きしたこともすべてこれまで聞いたことのないようなことばかりで、非常に軽がるしいことに感じられた〈其外承り申事共皆無類にて候、至極御軽き儀に見へ申候〉」。将軍の振る舞いとして前代未聞！　鳩巣は、呆れ、戸惑っているようである。

フットワークが軽いと言えば、次のようなこともあった。

享保二年（一七一七）正月二十二日。小石川馬場辺より火の手があがった。「有徳院殿御実紀」によると、火は、本郷・駿河台・小川町・神田から江戸城の外郭の内側に移り、本町・石町・日本橋から深川に至り、本丸にも届くほどの勢いだったという。

吉宗は、火事羽織を着て、菖蒲皮の立付袴で、頭巾を帯にはさんでいた。大きな戸を自身で外し、その桟を伝って屋根に上り、火の様子を見ていたというから、その体力、運動神経と言ったら大したものである。この時、吉宗、三十四歳。

そのうち天英院（家宣正室）が避難されるとして、女中などが出てきたのを見て、自ら制止した。青地兼山は次のように記している。


軽い様子は、先代では一度も承ることがなかったので、古くから大奥にお仕えしている人々は眼を驚かしたと聞いた。御倹素で、下々に近い御振る舞いである。

——御軽き儀御先代に終に承り及ばざる儀に候故、旧宮人抔目を驚かし申候と承り申し候、御倹素下に近き御様子に御座候鳩巣、青地兄弟ともに、吉宗を「御軽き儀」と評していることが面白い。今までの将軍像とは一風変わった吉宗の姿。まだ吉宗のことを深く知る前の鳩巣らにとって、そこには、フットワークの「軽さ」以外に「軽薄」「軽率」という意味合いも含まれていたに違いない。

質実剛健

先の兼山の書中に、「御倹素」とあった。最後に、そこにスポットを当ててみよう。

享保二年（一七一七）十二月十九日の小松川での鷹狩の際、若年寄の大久保常春に、吉宗の着用していた羽織を下賜されたのだが、それが小倉木綿で、えりが少々すれて破れていたという。以前にも、木綿の頭巾をかぶって鷹狩に出掛けていたとのこと。鳩巣は、将軍が木綿を着用しているのだから、老中を始め華美になるはずもなく、特に命じられなくても世間にそのような雰囲気が及んできたように見える、と喜んでいる。

吉宗は、大奥にも、服装を簡素にするよう命じている。一例を挙げると、実母の浄円院、次男の小次郎（後の田安宗武）、小次郎の生母を召し出し、奥女中はみな当春から縞の着物の上にさげ髪としたが、縞は模様であるので、その上に切付紋などすることは無用とするよう述べている。加えて、奥女中の又者（奥女中に仕える女中のこと）などはみな、木綿を着用するように、と。なかなか具体的な指示である。

吉宗自らが質素な服装をし、女性たちにも実行させた。それは当然、幕臣にも及んでいく。そのきっかけとなる出来事があった。

ある時、側衆の北条氏澄が、綸子の単衣を着用して伺候したところ、吉宗は、じっと北条を見つめた。北条は、何とも御前に居づらくなり退出し、次の間の同役の者たちに尋ねた。

「何か、私は不調法なことをしたのでしょうか。思い当たることはないのですが、皆さんも見ていらしたように、上様が私をじっと御覧になるので、心配になって退出してきました」

しかし、誰も吉宗の行動の真意がわからない。そこで北条は、側近の小笠原胤次へ、どうすればよいか尋ねた。

「そのようなことは、前々からあるので、それほど心配されることはありません。おそらく、あなたが着ている綸子に目を留められたのでしょう。贅沢な衣服は御好みにならない中でも、特に綸子は女の様に見えると言ってお嫌いなのです。紀伊にいらっしゃる頃から御前へ出る者は着用しませんでした。あなたの単衣は目立つので、着替えて伺候されれば何の問題もありませんよ」

北条は、その通りにして、元の所に戻って詰めていたところ、普段の御様子になり、気遣いなく務めることができたとのこと。

また、老中の阿部正喬が、御前で吉宗に、一つ一つお伺いを立てていたところ、準備していた十箇条のうちまだ一、二条のところで全く返答がなくなり、ただ阿部の衣服をじっと見つめていた。しばらく間をおいて、また伺っても答えがないので、御伺いを止めて退出した。同役の者たちとどうしたら良いものかと相談したが、埒が明かない。小笠原に尋ねてみた。

「私も同席しておりましたが、御様子を見る限り、他の事はまったく問題が無いようです。ただし、あなた様の着ておられる帷子が、のし縮で大変見事でございます。蟬の羽のような感じです。上様は普段、半さらしを召しておられます。縮は御好みですが、質の悪い縮をお召しです。あなた様が着用されているのし縮は、きっとはじめて御覧になったのでしょう。御着替えになれば、おそらく何の問題もないと思います」

すぐにその通りにして、残る項目を伺ったところ、何の問題もなくお答えくださった。

この二つの出来事から、人々の着衣についての理解が十分なものとなったという。強い口調で命令するのではなく、じっと見詰めて、自覚を促す。北条氏澄も阿部正喬も、さぞや、背筋の凍る思いをしたことだろう。綸子を纏っていた北条はともかく、一応縮を着ていた阿部は、少々気の毒ではあるが、簡素な服装の将軍と自らを引き比べ、身にしみたに違いない。このやり方が、吉宗流なのだろう。

大胆でありながら、下の者には細やかな配慮を。質実剛健。そんな、これまでにないタイプの将軍の治世が始まった。

去る者、来る者

再三述べているように、将軍側近は、あくまでも将軍個人に附属する立場であるため、仕える将軍が第一線を離れた際には、共に政権を去ることになる。よって、吉宗政権となり、側近が入れ換わった。間部詮房は雁之間詰、本多忠良は譜代大名並を仰せ付けられた。そのほか、小姓・小納戸は役を解かれ、残らず寄合組か小普請となったのである。

代りに吉宗の身近に仕えることになったのは、紀伊藩より随行した四十人余りの者たちである。吉宗が将軍に就任後も、紀伊藩は存続するため、一部の家臣のみ江戸城に入った。その点については、館林藩主時代、甲府藩主時代の家臣をすべて連れて江戸城に入った、綱吉や家宣と大きく違う。となると、当然、吉宗のお気に入りを選抜してきたと思いがちだが、そうではなかった。たまたまその日の当番だった者をそのまま連れてきており、誰かを抜きん出て使っているということもなかったようだ。

その中のトップの位置にあるのが御家老分の小笠原胤次で、実直者といわれていた。前節で、側衆の北条氏澄や老中の阿部正喬に、衣装のアドバイスをした、あの人物である。享保二年（一七一七）に、鳩巣は、代々どの将軍も御代初めのころより寵臣を用い、その者が急に高禄を食むようになって権威を振り回していたが、現在までそのような者が見られず、小笠原のような人物を用いているのは、凡庸な主君ではない、と感心していたという。ちなみに小笠原は、新番頭松平定由の実弟だった。なお、定由の正室は、赤穂藩主浅野長直（長矩の祖父）の養女で、その子定相には、小笠原の娘が嫁いでいる。定相は元禄十四年（一七〇一）三月十四日、母方の従兄弟にあたる長矩の切腹（赤穂事件）の際、親族であることから、同年六月二十五日まで出仕を止められている。

話を元に戻そう。そして、吉宗政権で復活した者が一人。儒学者林信篤である。吉宗が将軍宣下を受ける前の、正徳六年（一七一六）五月十日に、早速二之丸に召し出され、親しく御用を仰せ付けられ、講義をしている。鳩巣は、このことについて「早速このようなことをされるのは、天下に学風をお勧めになろうというお考えかと思われる」と好意的に評価しているが、その見方は一面に過ぎなかった。この対面の後、次のようなことが起こった。

家継の服忌が、これまでの将軍の場合と違い、軽く行われたのである。家継と吉宗の間には親子関係が無かったためであり、この方針は、信篤のアドバイスから来たものだろうと、鳩巣は推測している。なお鳩巣自身は、将軍職を受け継いだことは重いことであり、受けた上は、御養君でなくとも、形式通りに喪に服するべきと考えていたようだ。家宣の死の際の家継の服忌についての、白石と信篤のバトル（第一部第三章）を思い起こさせる。しかし、あの時との大きな違いは、将軍からの御尋ねがなかったために、白石に発言する機会もなかったことである。白石は、先代までの家臣。過去の人であった。

その年の十二月二十四日の書状で、鳩巣は大いに歎いている。

最近も新井氏によく会っているが、昨今の世の中の様子に失望するばかりである。詳しく書くことはできないが、倹素というのも、天下のために華奢を抑えるべきで、まずは主君自ら倹素にすることはもっともで申し上げることもない。但し、吝嗇《りんしょく》の考えから自分の都合に専心するのは、華奢の弊害と同じである。この様なことを、大学頭（林信篤）などはどのように考えているのだろうか。最近聞いたところによると、もう加増はないとのこと。老耄したのではないだろうか。上下で利を取るようになっては、国家の利にならないことはもちろんである。最近時服を拝領したが、近習衆へは一つずつという。台所の酒食も、先日急に変わり、非常にきつい様子である。そのほか、取りやめになったものなどを、様々聞いた。先日、町奉行らが御前に召し出されて、直接申し渡されたのは確かである。何の事だったかは、他言無用だったようで知る者はいない。その後、町奉行の会合の際に、踊り子を呼び、終夜宴遊したと聞いている。上様は、何を仰せ渡されたのか、と思う。このことで推量できるというものだ。何事も名ばかりで実体が無い。風俗も困窮も改まる様子が無い。この上は、来春はどうか善政があるように、耳目も新たに仕事ができるように願っている。

追って教化が無ければ、風俗は急に衰えるものである。新井氏は現在随分暇に暮らしており、朔望（一日と十五日）に登城するだけである。惜しい人物である。この人を用いず、林大学頭が世に用いられるようになってはこの世も知れたことである。

吉宗の倹約ぶりは、吝嗇から出たもので、幕臣に加増しないのは耄碌しているのか、などと、手厳しく批判している。しかも、徹底されていない。また、別の書状では、吉宗の初政について、「粗鄙浅露」の四字を出ないと評したことが書かれている。粗野で、下品で、思慮に欠ける、ということか。

ただこのころ、吉宗政治はまだ始まったばかりで、鳩巣にとって、家宣・家継政権期の新井白石のような政権に深く関わっている人物からの情報も、この時点ではなかったわけである。つまりは、まだよく分からない段階での評価であり、これらの批判は白石が排除され、鳩巣がその学識を認めていない林信篤が重用されていることへの反発によるものとも考えられる。吉宗が、五代将軍綱吉を尊敬し、その後、天和の制に立ち帰る政策を打ち出していくことを考えると、林信篤を早速に呼び出したのは、その学問の内容を評価したというより、綱吉政治を学ぼうとしたのではないかと、推測できる。鳩巣は、この時、その点を誤解していたのだろう。

白石が、政治の現場の第一線から、排除されることは、ある程度は予想できたことだろう。しかしながら儒学者は、間部詮房のような、将軍側近とは異なる立場であり、学問が優れていれば、政権を越えて、働くことができると考えていたのかもしれない。実際林家は、代々将軍に仕えている。しかし、白石は他の学者とはその出自が違った。彼は家宣の甲府藩主時代からの侍講であり、「家宣付の」儒学者であった。それは、家宣の側近であった間部と同種のイメージを与えたと言える。また、小谷継成（室門七才の一人）が、青地兼山に宛てた手紙の中には「新井殿は現在も間部殿を賢人のように申されるそうである。世上に言われることとは異なっている」という一節があり、間部と白石関係の深さが察せられる。

白石は、一線を退かされた。そして、林信篤がその位置に収まったのだろうか。

鳩巣は、この時まだ気付いていなかった。白石にとって代わる存在となるのは、自らだということを。――それはまた、後の話。

第二章　前代からの老中と吉宗側近

戸惑う老中

吉宗は初政において、先代までの政治運営の方法を変えた。

常憲院様（綱吉）以来、老中は取次を通して、あらゆることを将軍に窺っていたが、今後はどのようなことでも、老中が御前へ出て申し上げ、それを上様が直接聞くそうである。

――常憲院様以来、御老中方取次を以諸事御窺ひ候へども、向後は何事によらず御老中御前へ罷出候て可申上候、御直に御聞可被成由

それまでの将軍側近と老中の在り方を変えようという、意思表示をしたのである。

老中にとって、直接将軍とコンタクトを取れるということは、将軍側近を通さざるを得なかったこれまでよりも、一見政務を取りやすくなるようにも思われる。しかし、そう単純にはいかなかった。政務運営の方式の変化は、老中たちをピリピリさせるものでもあったのだ。

吉宗が将軍に就任して間もなく、老中が全員呼び出された。この時は、土屋政直・井上正岑・阿部正喬・久世重之・戸田忠真の五人。土屋・井上は、綱吉政権期からの大ベテラン、阿

氏名	通称	就任時年齢	就任日	退任日	前職
土屋政直	相模守	47	貞享4/10/13	享保3/3/3	京都所司代
井上正岑	大和守・河内守	53	宝永2/9/21	享保7/5/17	若年寄
阿部正喬	飛驒守・豊後守	40	正徳元/4/11	享保2/9/19	雁間詰
久世重之	大和守	54	正徳3/8/3	享保5/6/27	若年寄
戸田忠真	能登守・山城守	64	正徳4/9/6	享保14/10/28	雁間詰
水野忠之	和泉守	49	享保2/9/27	享保15/6/12	京都所司代
安藤信友	対馬守	52	享保7/5/21	享保17/7/25	大坂城代
松平乗邑	左近将監	38	享保8/4/21	延享2/10/9	大坂城代
松平忠周	伊賀守	64	享保9/12/15	享保13/4/30	京都所司代
大久保常春	佐渡守	54	享保13/5/7	享保13/9/9	若年寄
酒井忠音	讃岐守	39	享保13/10/7	享保20/5/18	大坂城代
松平信祝	和泉守	48	享保15/7/11	延享元/4/18	大坂城代
松平輝貞	右京大夫	66	享保15/7/21	延享2/12/11	溜詰

（注）松平輝貞は「老中格」である。

表2　老中一覧②（『寛政重修諸家譜』により作成）

部は家宣政権期、久世・戸田は家継政権期から老中を務めていた（「表2　老中一覧②」参照。本表は吉宗政権期の老中のうち「兼山秘策」の範囲の時期の就任者を整理したものである）。つまりは、全員が幕府政治において、吉宗の先輩なのである。

吉宗は、老中一人ひとりに、質問をはじめた。まずは最古参の土屋政直へ三つ。土屋は、一つは記憶にないと申し上げたが、二つについては答えることができた。これは良くできた方だった。続いて、井上正岑へ幕府の年間収納高について、久世重之へは江戸城中の櫓の数を尋ねたが、二人とも答えられなかったのである。その後、阿部正喬・戸田忠真へも一つずつ質問があったが、いずれも「存じません〈不奉存候〉」とばかり申し上げたので、吉宗は、機嫌を損ねてしまったという。

吉宗の、老中への挨拶代わりの痛烈な先制パンチというところだろう。老中の勉強不足に呆れた点はもちろんあっただろうが、吉宗の政治姿勢を認識させるという点においては、大成功である。

老中が肝を冷やすようなことは、他にもあった。ある時吉宗は、大番頭を御前に召して、直に「今後人を選ぶ際に、依怙贔屓が少しでもあれば、厳しく注意する〈向後人を選申上候時分、贔屓沙汰毛頭有之候はゞ急度可被仰付候〉」「今までは家禄により役職を決めていたと聞いているが、今後は禄の高下に構わず、人物さえその役職にふさわしければ、小身でも推挙するように〈唯今迄禄により候て役人申上候旨被聞召候、向後は禄の高下に構不申候て、其人の材さへ其役相応に候はゞ、小身にても可申上に御座候〉」と述べた。この時は、老中も御前にいたのだが、その後、大目付と町奉行が召されて、これまた直に仰せ渡しがあった。その際には老中も席を外したという。つまり、吉宗と直接コンタクトを取れるのは、老中だけではないのだ。

例えば次の様なことがあった。鷹匠頭の間宮敦信が、享保元年（一七一六）十二月十九日に罷免された。その事情とは——。

そもそも鷹匠頭とは、慶長十二年（一六〇七）に初めて設置されたが、貞享期に綱吉によって廃止されており、享保元年八月二十一日に、新番戸田勝房と小普請間宮敦信を任命したことにより復活した。養父の信久も、家綱時代の鷹匠頭で、敦信もその跡を継ぎ、廃止になる前まで鷹匠頭を務めていたので、吉宗政権期となり、彼が任命されたのは、実に順当な人事だったといえる。しかし、普段の素行不良、つまり、民をこき使い、賄賂を取るなど私欲に任せた行動が、すぐに吉宗に達し、間もなく罷免されたのである。一幕臣の行動までもが、直接将軍の耳に入ることは、これまでにはなかった。そのため役人たちは戦慄しているらしい。これは、吉宗が紀伊藩主時代に、良く家臣たちに目配りしていたため、表役人のことを詳しくわかっているからだと、鳩巣は分析している。

吉宗は、町奉行・勘定奉行・寺社奉行・大目付など毎回御前へ召し出し、直にさまざまな事を聞き、命令するというやり方を習慣とした。そればかりか、それよりも下の諸頭・役人を一～三人、毎回呼び出して話を聞いたという。

このやり方に驚いたのは、前政権での経験もある勘定吟味役の萩原美雅であった。萩原は新井白石のもとで勘定吟味役を務めていたため、政権交代時には、二之丸留守居に左遷されていたのだが、享保五年五月九日に勘定吟味役に再任された人物である。その復帰には、皆が驚いたが、優秀な人物であれば、たとえ白石の配下であったにせよ採用するとの姿勢は、吉宗の人材登用の方針をよく表してもいる。この萩原が、同役の者と共に吉宗から聞かされたのは次のようなことであった。つまり、将軍に就任してから、悪いことばかり耳に入り、親孝行な者や志が高く行いが正しい者のことは、一度も聞いたことが無い、と。これは法度を第一にして、法に背く者があれば、吟味するからであり、行状が良い者は、法に関わらないので、報告しようと思わないからである。そうではなく、悪い者を取り調べるよりも、良い者の話を聞き、恩賞も与えたいのだ、と。

吉宗のまなざしは、悪い者をひたすら取り締まるばかりではなく、志のある者についても向けられていた、ということだろう。その視線があるからこそ、萩原の様に前代に務めていた者を抜擢する人事も行えたと言える。もちろん、あまりにも不届きな者の話ばかり耳に入り、いい加減うんざりしていた、ということもあるかもしれない。その様な例を次に挙げてみたい。あるとんでもない幕臣の行状が発覚したのである。

彼の名は、宿谷尹行《しゅくやまさゆき》。五代将軍綱吉の養女で、水戸藩主徳川綱條の実子吉孚《よしざね》（家督を継ぐことなく二十五歳で早世）の正室となった養仙院（八重姫）の用人である。百俵の鳥見の家に生まれ、七百石まで出世したが、享保三年四月六日に、一柳末昆《ひとつやなぎすえひで》に預けられることになった。自らの職場である御守殿で、酔っぱらって、奥女中に脇差を抜いたからである。それればかりではない。その前年には、湯治にかこつけて京都・大坂見物に繰り出した上、周囲に「法度にそむくのもおもしろい」などと言っていたのだという。しかも、湯治を願い出る際には、嫡男の縫殿に「その方の命をもらいたい」と言って驚かせていた。つまり、京・大坂見物が発覚したら縫殿も連座制で罪に問われることになるから覚悟せよ、というわけだ。

鳩巣は、「忌憚なき小人」だと評し、このような人物が世の中に居るのかと、あきれ果てている。しかも、宿谷は、大変な世渡り上手だったようで、老中に気に入られており、その権威があったからこそ驕《おご》り高ぶっていた。それに対して、下々への細かな目配りをしている吉宗は、その真の姿を見抜いたのだ。

そもそも政務を統括するのは老中の役目である。先代が幼少将軍であったため、なおのことその要素が強かったであろう。それが、老中を通さずに、将軍に直接伝わることが増えたわけである。つまり、政務を統括しているのは吉宗であり、これまで老中が、町奉行・勘定奉行・寺社奉行・大目付らを支配下においていたのが、吉宗との関係性において、彼らと同列になってしまう部分が生まれてきたのである。老中たちは当惑していた。鳩巣は次のように述べている。

老中たちはもっぱら迎合する傾向にあるが、（上様が）御聡明でいらっしゃるので、かえってうまくいかない様子である。

——大臣専に迎合の気味と聞被申候、去ども御聡明に候故、却て不首尾の様子に申候

俗に、優秀すぎるトップは、部下がかえってやり難いなどというが、まさにその好例

であろう。

井上正岑は、色々と考えたようで、吉宗に鷹を献上した。鷹狩好きの吉宗のご機嫌を、取り結ぼうとしたのだろう。しかし、それは確かに鷹狩のための「はい鷹」という種類の鷹ではあったが、役に立たない「まぐそつかみ」だったらしい。吉宗は、自分にとっては意味がないので、嫡男の長福君（家重）へ遣わされたとか。井上は、非常に困ったそうである〈河内守殿殊の外難儀の由〉。気に入られようと、吉宗の大好きな鷹を献上したものの、知識が無いので大失敗！

老中への牽制

自ら、下々の様子まで把握しようとする吉宗のやり方は、先代が幼少将軍であったために、拡大していた老中の権力を、牽制する意味合いもあったと考えられる。

江戸近郊を巡見した目付が帰り、吉宗に、何の問題もないことを申し上げたところ、「一つも言上することが無いとは、巡見を申し付けた価値が無い」と叱責されたことがあった。吉宗は、江戸周辺は老中や将軍の側近たちの領地であるため、彼らの威光を畏れ、何かあったとしても事が現れないと考えていた。つまり、何も報告をしなかった目付を、職務怠慢と叱責することにより、江戸近郊の者たちに、何かあれば吉宗が聞く耳を持っていることを知らしめたわけである。
それは、図星だった。このことを知った井上正岑の領地の百姓が、阿部正喬の駕籠にすがり、直訴に及んだのである。阿部は、それを抑えられず、井上へ伝えたところ、すぐに吉宗に報告するようにとの返答だったため、上聞に達した。これまでの吉宗の政治手法を見ていて、隠し通すことは無理だと、二人とも観念していたのだろう。
当然井上は、吉宗の御前に召し出され、この直訴状を渡された。

吉宗「このことについて、その方は存じていたのか」
井上「知りませんでした」
吉宗「領地の民政のことを把握していないのは、油断である。今後は、気を付けるように」

吉宗自らも、老中の藩政にも目配りをしている、との老中への十分な圧力であるといえよう。

もちろん吉宗自身も、下々への心配りを忘れなかった。吉宗は、そのために鷹狩を利用していた。つまり、単なる個人的な趣味や、幕府の威信を示す軍事訓練、幕臣たちへの武芸の奨励という側面ばかりではなく、下々のことを耳にし、耕作の様子を巡見するためでもあった。そしてその際には、同行する幕臣の様子も良く観察していた。船で出かけた際には、舟手の向井正員《まさかず》の勤務ぶりを褒め、船中で盃を与えている。吉宗が直接幕臣に接し、その上で評価しているわけである。享保二年（一七一七）五月二十一日に、大目付の横田由松が千石加増された時も（第二部第三章で再度取り上げる）、その前日に、横田が御前に召され、一人で何か申し上げていた。その結果実直に務めていると評価されたのだという。諸役人が一人で吉宗の御前に呼ばれるため、老中らはやきもきしているようだと、鳩巣は述べている。その上で、儒学者らしく以下の様に分析する。

つまり吉宗は、家宣・家継とは異なり、血筋としても一段階遠いということと、老中の勧めもあっての将軍就任であった点を指摘。唐でも、「援立の臣」がいる場合は、なかなか君主も自由に振る舞うには難しく、急に彼らの力を抑えると、臣下たちは君主のもとを離れてしまい、災いが起きてしまうということがあった。日本の北条氏の時代も同様である。唐の末には王室がたびたび無嗣になり、その権勢のある臣下が、外より君主を擁立したため、「門生天子（宦官が権力を専らにして、天子を挙人を見るようにしていたとの意）」と言われたではないか、と。

まず、家臣たちの心が離れないように準備して、ゆっくりと彼らの威を抑えるようにすることが、明君というものだが、結果はしばらくしたらわかるだろう、と鳩巣は言う。お手並み拝見、といったところか。

老中の抵抗

老中たちも、吉宗に牽制されるばかりでなく、抵抗を試みることもあった。

正徳五年（一七一五）一月十一日、新井白石と長崎奉行大岡清相《きよすけ》が主となり立案し、長崎貿易制限を定めた「正徳長崎新例（海舶互市新例）」が出されている。この法令をめぐって、一騒動起こった。

そもそもこれは、現状では、日本の金・銀・銅・鉄が後にはみな唐に流出してしまうので、信牌を所持していない商人とは、交易をしないよう定めたものである。その結果、衣類・人参・珊瑚珠・伽羅などが底をつき、唐物が高値になってしまった。加えて昨年より、信牌のない商人が多数日本に渡ってきて、相対で交易をするようになり、却って抜荷が多くなったのである。老中たちは、これらのことは新例が原因で起こったとし、諸悪の根源は、白石だと決めつけていた。

そう考えるならば、新例の撤廃を吉宗に提案すれば良いようなものだが、老中たちはそうはしなかった。日本の鉱山資源の流出というのは、長い目で見た時には、国益を損ずることである。その対策として新例があるのだから、中止せず、そのために現在出てしまっている悪影響、つまり抜荷を、厳しく取り締まればよいのではないか。このように考えて行くと、老中たちは、目先の唐物が高騰して手に入り難いという、個人的な不利益と、白石憎しの感情で動いているようにも見える。

老中たちにも、自分たちの論理の綻びが見えていたのだろうか。老中は、長崎のことに、積極的に取り組もうとはしなかった。

流石の吉宗も、老中の悠長さにしびれを切らし、長崎についての詮議をするよう、側近の小笠原胤次から老中に働きかけさせた。これは、老中から問い合わせが無いことを不安に思った長崎奉行の大岡清相が、小笠原に申し出たことがきっかけだったという。また吉宗は、その後、側近の加納久通を通して、大岡に諮問した。すると大岡は、すでに新例の書類を老中まで提出しているという。老中らは、吉宗にそれを渡すことなく、手元に置いていたのだ。うっかり忘れていたのではない（それでも大問題だが）。この場合は確信犯である。老中らは、吉宗に自分たちの考えを上申することをはじめから放棄し、新例の書付を提出することなく、何とかごまかしてやり過ごそうとしていたのである。この期に至り老中は、もはや書付を隠すことができず、提出した。

吉宗はついに長崎新例を目にした。一つ一つの項目に張り紙をして、「この通りもっともである」と書き添え、定書、張り紙ともに、老中に渡した。「一つ一つもっともである。これよりほかはないだろう。このような良法に対して、何かと非難するのは、法に適うことではない。それなのに、備前守（大岡清相）は自分が作成に携わっていたにもかかわらず、確かによい法令だとは述べなかった。どのような考えなのだろうか」と。吉宗は、老中らが、事前に大岡に圧力をかけていたことを察し、嫌味を言ったのである。

この出来事を受けて、鳩巣は、以下の様に指摘する。

今回のことに限らず、上様がもっともにお思いになられても、老中の牽制があるために、事実を隠蔽《いんぺい》されてしまうのである。しかし、頼みとするところは上様の御英断である。一、二年中にその効果はあるように私は考えている。

——是に限り不申、上には尤に被思召候ても老中牽制有之候故、壅蔽仕事而巳にて候、然ども所頼は上の御英断にて候、一両年内其効可有之候様私は存申候

吉宗の強力なリーダーシップがなければ、老中に誤魔化される、との心配だ。何しろ都合が悪ければ、渡すべき書類を握りつぶすこともしかねないのだから。

ここまで見て来た限りでは、この初期の五人の老中は、吉宗の質問にも満足に答えられず、新しい政治手法を積極的に取り入れる将軍を前におたおたしているような印象もありながら、長崎新例をめぐる顚末の様に、一筋縄ではいかない官僚的な手腕も持ち合わせているようだ。

読者の皆さんは、今のところ老中たちにあまり良い印象を持たれていないかもしれない。しかし、すべてそういう者ばかりではなく、中にはその後、吉宗の信頼を勝ち得た者もいた。

その老中は、吉宗が大岡を諮問する前、ようやく開かれた大岡を呼び出しての老中会議の場で、長崎新例を悪法だと言いつのる阿部・井上を制した。そして、国内のことはがらりと方針を変更しても将軍の御威光で実施が可能だが、外交問題は、先代が段階を

踏んで詮議し、唐に内容を伝えたのだから、取りやめる場合もじっくり詮議を重ねる必要があると説いていた。

久世重之である。

久世重之と他の老中たち

久世重之が、吉宗から第一に御用を承るようになったのは、そりの合わない阿部正喬が、享保二年（一七一七）九月十九日に役職を解かれ、それまで力を持っていた井上正岑の権力も次第に弱まってきたころからだという。久世の考え方と、彼に対する幕臣の信頼感を良く表している事例があるので、先ずは紹介してみたい。

小普請支配石川総昌の配下に、綱吉政権期に役者より召し出され、現在は三百俵取の者がいた。この者には実子がいないため、養子願を、直属の上司の石川まで提出した。しかし、綱吉政権期以後に召し出された者は、実子が無ければ相続できない慣例になっていた。そのため該当する養子願は、取り次がれることはなかったのである。しかし、この件について、確かな命令が出されていたわけではなかったので、石川は願書を、老中の井上正岑のところに持参した。すると、筋違いだとして返却された。一度止められてあきらめるのもどうかと思い、再度申し入れたが、先日の通りだと返された。その上、また持参するのは不調法なので、今度は私的な願いとして申し入れたところ、井上は非常に腹を立て、もはや取り付く島もない。石川はどうにもならずに帰宅し、当人を呼び出して、三度までも願い出たが許可されなかったことを伝えた。この者は非常に切羽詰った様子で、次のように述べた。

「仕方のないことです。私は常憲院様（綱吉）に召し出された時、何度も御断り申し上げましたが、子孫まで相続させる、との仰せだったので、拠所なくお受けしたのです。しかし、現在跡目は相続させないとのこと、御法で決まったことであれば、仕様がありません」

その座を立つ姿が、石川には、顔色が悪く命を絶ちそうな様子に見えた。いつも支配下の者が訪ねて来た際は見送らないのだが、敢えて送って行き、また呼び返したので、この者は驚いて戻ってきた。近くに寄って、石川は言った。

「そなたの様子は切羽詰まっているように見える。もっともなことだ。そうであっても、今回はどうにもならない。しかし、このことは私が一生心にかけておく。また時が来たら、八幡様（武士の守護神である八幡大菩薩の事）が捨て置くことはないので、安心して時機を待つとよい。もし万一のことがあれば、すぐに御家断絶となる。決して短慮は起こさないように」

この者は涙を流して帰って行った。すぐに養子に迎える予定だった子の親の所へ立ち寄り、経緯を話した。

「やむを得ないことと考えています。もはや自分が生きていても無益なことですので、帰って自害します。御別れに、酒を下さい」

上司の言葉では止められない無念の思いがあふれたのだろう。しかし、その親は冷静な人物だったようで、まずは、酒を出して盃を取り交わした。その後、「どのような考えで自害をしたいと考えているのか」と尋ねた。

「特別なことはありません。足腰が立たなくなった時に、養子を取ることができれば助かります。それが許されない御法であるならば、見苦しくなる前に、自害して決着をつけるまでです」

「なるほどわかった。しかし、それは不忠であり、不孝ではないだろうか。子孫に相続を仰せ付けるとの上意も重く、親の名跡も重いものである。そうであるならば、この上はどうか時機を待って、上様（綱吉）の御言葉も立ち、名跡も絶えないように、懸命に心を砕くべきである。支配衆（石川）も、良い時機まで待つように、と申されているのに、自害をして、簡単に跡をつぶすことは無分別というものだ」

この者は納得して、「私は切羽詰って、間違っておりました。自害は思い止まります。もう御心配なさらないでください」と帰って行った。

そして、あらためて覚悟を決めた。その後、召し出された時のことから、今回再三願を出したが、井上が取り上げなかったことまで、詳しく書面にして、久世重之へ持参したのである。久世の用人は一覧し、「なるほど承った。しかし、御支配の兵庫殿（石川兵庫頭総昌）に申し入れて、兵庫殿からこちらに申し出るように」と述べて、書付を返却した。そこで、この者が申した。

「なるほど、おっしゃる通りです。そのことは私も承知しておりますが、兵庫殿は三度までも井上殿へ申し入れて下さり、その結果認められなかったのです。今、再び兵庫殿に願い出ても、なかなか書付は受け取らないと思います。今回の事は、私の無分別によるもので、大和守殿（久世重之）のお人柄を見込んだ、駆け込み同然の訴えでございますので、兎に角御覧に入れて下されば、念願叶います。その上で、認められなければ仕方のないことです」

一両日が過ぎ、この者が久世邸を再訪したところ、用人が「早速、お渡しした。殿は、『きっと様子を聞きに来るだろうから、大和守が受け取ったと申し渡すように』とおっしゃっていた。そのように心得るように」と告げた。本望が叶ったのである。

久世は、井上とは違い、なぜ書付を受け取ったのだろうか。

実は、久世はこの件について、初めから賛成ではなかった。しかし、その時老中の中で最も力を持っていた井上が、第一に主張したために、新参者の養子は認められなくなったという経緯があった。綱吉政権期の頃に召し出された人々には役者が多かったので、まずはこれを整理したいということからはじまり、実子が無いものを断絶すれば、徐々に幕臣が減るとの思惑からの意見であった。幕府財政の建て直しの手段の一つとして考えられたため、井上の主張は、吉宗の考えにも一致していたわけだ。それに対して久世は、これで御家断絶の者が多く出ては、その妻子の生活が困難となり、不憫であるし、時勢にも合わず、よくないと考えていた。そのため久世は、このような願書を、他にも受け取り置いておりり、時機を見て相続を願い出ることを考えていたのだという。

人員整理からの経済効果だけでなく、対象となる幕臣の生活や心の内へまで思いを寄せた久世。残念ながら、久世は相続が可能となるよう動く前に、亡くなった。そのため、死去の際には、該当する者たちが特に落胆していたという。

このような久世は「器量人」と謳われた。

新井白石をめぐっても、次のような話があった。

享保二年春の江戸の火災の後、白石をはじめとする幕臣たちが江戸城に見舞いに伺った。久世は、玄関まで出てきて、被災した白石に声をかけた。

「類焼は御気の毒なことです。書物は焼けませんでしたか〈類焼笑止に候、書籍焼不被申候哉〉」

白石が「書物は無事でした〈書物は焼不申候〉」と答えたところ、「天下後世のためには、一段と良いことでした〈天下後世の為と申一段の儀〉」と言ったという。それに対して井上正岑は、見ないふりをしていたようで、久世の行動は、格別のことに感じられたという。

たとえ、先代の頃の実力者であり、政治的考え方が相容れない相手であっても、優れた儒学者として敬意を払い、声を掛けるという、見識の高さと、優しい心配りが感じられる。

ほかにも、あまり仕事上関係が良くなかった老中阿部正喬が、職を解かれた際にも、すぐに見舞いに行き、「現在まで同役で務めておりましたので、残念に思います〈只今迄同役にて相勤被申候処、残念に奉存候〉」と言葉を掛けたという。

仕事における考え方の違いと、人の好悪の感情を交錯させない、久世の卓越した人柄が感じられる。

久世重之と吉宗側近

久世重之の見識の高さは、吉宗の側近との付き合い方にもよく表れている。ここからは、老中と将軍側近の関係性から、見ていくことにしたい。

この時、勢力を持っていた側近は、有馬氏倫と加納久通であった。彼らは、側衆の中の御側御用取次という位置にあった。側衆は旗本が就任する役職で、就任時有馬は千三百石、加納は千石であり、彼らが一万石の大名となるのは、享保十一年（一七二六）を待たなければならなかった。それは、間部詮房（最終的には五万石）やその前の綱吉政権期の柳沢吉保（十五万石余）らが、側衆をも統括し、「奥」を率いる位置（後の時代に「側用人」と称される）にいたことを考えると、格式の上では、格段の差があった（一七頁「図1徳川幕府職制図」参照）。これは吉宗が、それまでの将軍側近が力を持ちすぎていたと考えて、自らの側近の力を抑え、譜代の者たちを尊重しようとしたためともいわれる。

実際吉宗は、紀伊から連れてきた家臣たちについて、「前の時代からの直参の家臣よりも驕り高ぶらないように普段から気を付けていた〈御前代よりの直参へ驕り不申様にと常々御心遣〉らしい。また、有馬と加納に金子で五百両ずつ加増した際に、「御先代は、以前の領地を直轄地に入れて、子飼いの者に加増していたが、この度は、以前の領地を取り込まなかったため、紀伊からの家臣へ下される知行地がない。そのため、金子で支給する」と言ったとか。鳩巣は、「これも珍しいことだ」と感想を述べている。

しかし、前代の側近たちよりも権力が小さかったのかというと、そうではなかった。彼らの勢いは次のようであったという。

有馬兵庫殿、加納遠江殿の二人の勢いは盛んにして「君辺の柄」をとられるので、老中らは何れも二人に媚を売ることが目ざましい。

——有馬兵庫殿、加納遠江殿両人勢盛にして君辺の柄をとられ候故、老中抔いづれも彼に媚申さる丶事目ざましく候

老中たちは、有馬・加納の御機嫌取りに精を出していたというのだ。二人が旗本役である側衆に位置づけられているということは、大名役であった間部とは異なり、格の低

い幕臣とも関われるということになる。つまりは、吉宗のもとには、信頼する側近を通して、より幅広い情報が集まってくるのだ。老中らが畏れるのも当然である。自分がかわいい者たちが、彼らに気に入られようとするのは想像に難くない。

そのような中、久世が目付を叱り飛ばす出来事があった。有馬・加納の二人が幅を利かす中、目付が、下々の秘密などを聞き出し、老中に伝えないばかりか、老中の詮議の様子までも、密に二人に伝えていたのである。久世は、目付を全員呼び出し、その行為を、自らの立身ばかりを心掛け、法式も武士の儀も忘れ、目明しのようだと断じた。今後このようなことがあれば、自分より願い出て、死ぬ、と述べ、自分はこのように務めているが、立身など考えたこともない、と言い切った。目付たちは苦々しい様子だったとのこと。これは、目付ばかりでなく、他の役職の者にも当てはまる、と鳩巣はいう。

目付にしてみれば、老中を通さずに奉行たちと直接やりとりをしている吉宗を見るにつけ、老中に報告する必要性を以前ほど感じなくなっていた。にもかかわらず、その行動を出世の私欲と決めつけられ、ムッとしたのだろう。しかし、久世にすれば、目付の行為は、そもそもの職務の在り方を超越した行動であった。吉宗が老中を通さずに臣下と接触することは、「将軍」という幕府権力そのものが行う行為であるから異議はない。

しかし、その逆は、秩序を乱すもので、あってはならないことだったに違いない。
また、次のようなこともあった。ある時有馬が、久世に「御用のことで相談したいことがあるので、こちらへおいで下さい」と伝えてきた。それに対して久世は、「表向の御用は大切なことなので、そのように立ち騒いでは、御用がいい加減になってしまう。相談のことはこちらに来るように」と言ったとのこと。鳩巣は次のように述べる。

ほかの老中は、この二人の申される事であれば、足を倒すようにして飛び廻っておられます。その中に居らして、「さすが」と人々は感じ入っています。今、老中の体を失っていないのは久世殿一人であると言われています。

——外の御老中は右両人の被申事候へば、足を倒にして飛廻り被申候、其中に居られ候て流石と申て人々感申候、今に大臣の体を失はぬ人は久世殿一人と申候

吉宗の側近が何か言うと、すぐ飛んで行く他の老中たちは、意気地がなく老中とはいえない。彼らを苦々しく見ている、世間の視線が感じられる。
久世と有馬をめぐっては、次のような出来事もあった。

享保五年（一七二〇）二月二十一日、堀利雄という人物が、下田奉行を拝命した。この役職は、船で赴任することが先例になっている。しかし、堀は船が苦手だったので、陸路を希望する旨、久世へ申し出た。久世は、問題ないと思うが、同役の者へも相談するので、そのように心得るよう申したところ、堀はすぐに有馬に会いに行き、「これこれのことを久世様に申し上げましたので、宜しくお願いします」と話したところ、有馬は、「それは少しも問題が無いと思います。願い出てみましょう」と、そのまま吉宗に言上し、許可が出た。堀はそれを久世に報告。気を利かせて、他の老中に相談する久世の手間を省いたくらいのつもりだったのかもしれない。しかし、これが久世の逆鱗に触れた。

「とにかく、すぐに解決したのは良かった。今後は、役儀のことは有馬を通じて直接お伺いするように。手前などは年を取り、御用のことはすぐに解決できないため、非常に迷惑していて、有馬殿を通して願い出るのならば、仕方がない」と述べ、この件は聞き入れないとして、そのまま座を立った。強烈な皮肉である。

この時点で、堀は、ようやく事の重大さに気づいた。一族で、久世と付き合いのある人物を通して、詫びを入れようとしたが、その人も取り合ってはくれなかった。『寛政重修諸家譜』（寛政期〈一七八九～一八〇一〉までの幕府編纂の大名・旗本人名録。以後、本文中では『寛政譜』と略す）を見ると、堀は、宝永四年（一七〇七）十月十三日に山田奉行を退任しているので、今回は、久しぶりに役職に就いたことになる。うれしさの余り口が滑ったのだろうか。堀の行動と発言は、老中の頭越しに将軍側近と事を運んだことを意味しており、そのことを無自覚に老中に話したのであった。これは老中である久世にとっては自らの立場をないがしろにされた由々しき事態だったのである。

その翌日、久世は登城し、老中が揃っているところへ有馬を呼び出した。

「堀が陸路で下田に赴任したいと私まで願い出てきました。しかし、あなたより返事があり、もう許可は済んでいると申し聞かされました。手前どもから上様へ伺って下へ申し渡すことを、中からあなたが申し渡されるということは、どのようなお考えからなのか、お聞かせいただきたい〈手前共より奉伺候て下へも申渡候事を、中より御自分に被申渡候は如何の御了簡にて候哉、急度承届度〉」

有馬は、絶句。老中の水野忠之が、傍らより声をかけた。

「兵庫殿（有馬）のなさったことは不適切極まりないことです。大和守殿（久世）が今おっしゃった通り、そちらよりこちらの職務を越えて、上へも伺い、下へも申し渡すことは、法に外れるやり方だと思います。すぐに謝る事です」

返す言葉もない有馬は、詫びを入れて事は済んだという。

久世は、吉宗が、老中より下の諸役の者と直に接することにより、幕臣たちが老中を通さずとも事を運ぶことに疑問を感じなくなってしまうことを、非常に心配していたのである。「老中」という役職の危機だと、考えていたに違いない。堀をめぐるこの出来事は、久世の中では非常に大きなものであった。

享保五年五月二十八日、久世は病重く、二十日あまり絶食の状態であった。麵類などを少し口に運ぶことがやっとだった。それにもかかわらず、翌二十九日に病を押して登城し、みなを驚かせた。これは上様への暇乞いと称しての登城で、御前へ出て、暫く閑談していた。内容を聞いた人はいないが、御用のことだと察せられた。その後、退出の際に有馬に面会を申し込んだのである。

久世は、有馬に問いかけた。


常日頃のあなたの覚悟について、お聞きしたいことがあります。「御奉公」というものには、「役儀」と「勤方」の二つがあるが、その違いをどのように捉えておられるか、お考えを承りたい。

――常々御自身義覚悟の処、承度事有之候、御奉公と申物の役儀と勤方二ツ有之物に候、いかゞ其差別御意得候て御勤被成候哉、御所存承度

急に言われても、答えられないので、考えさせてほしい、と当惑する有馬に対し、久世は、もう会うこともないだろうからありのままを聞きたいというが、有馬は考えを述べることはできなかった。久世は有馬に語りかける。


「御奉公の筋」と「役儀の筋」とは、違うものです。「御奉公の筋」とは、どのようなことであっても上様の御為と考えたことを、一心に覚悟をもって勤めることですが、「役儀の筋」とは全く別のものです。それは、老中は老中の役儀、若年寄は若年寄の役儀、御近習は御近習ということで、これは少しも混乱してはならないのです。御為の事と言っても、それぞれの役儀があるのですから、その格を違えては、天下の害になります。そのところをよくお考えになって勤められることが肝心です。

――御奉公の筋と役儀筋とは違申事にて候、御奉公の筋と申物は、何にても上の御為に存寄候事

は、一分の覚悟一ぱいに勤申事にて候得共、役儀の筋は各別の物にて候、役儀の筋は老中は老中の役儀、若年寄は若年寄の役儀、御近習の役儀少も乱申儀は不罷成候、御為の儀と申にても夫々の役儀有之儀に候へば、其格違候ては天下之害にて候、其処を能御了簡候て御勤候事、簡要に候

「御奉公」と「役儀」は違う。御奉公に一心になり、他の職務領域を侵すことは、秩序を乱す間違った行為である。それは、独自の政治路線を積極的に推し進める吉宗の政治手法の中、今後、ますます老中の力が弱くなってしまうのではないかという、その行く末を思う言葉でもあった。先の堀利雄の事件に見られた有馬の行動について、最後に、再び忠告したのである。久世は、政治状況を深く、そして先まで見通して理解していた。有馬への遺言とも言うべきものだろう。

そんな久世の人生の幕引きは見事であった。

有馬と面会した翌日の五月晦日、増上寺の名代を願い出て、六月一日それを務めている(「有徳院殿御実紀」によれば、実際は五月晦日に代参している)。途中で息も絶え絶え。家継の時代に老中に任命されたので(正徳三年八月三日)、霊廟に御暇乞いと御礼のためということだった。また、自らの葬式のことまであらかじめ指示していたという。それればかり

ではない。家老一人に、五百石加増。そのほかの家来にも恩賞を下賜し、府庫の中の絹綿の類をすべて末の者にまで施した。加えて嫡男の暉之が乱舞を好むので、度を越さないように遺言している。

二十日には、昼夜見舞客が「門前市のごとく」押しかけてくるのを嫌がり、深川の下屋敷に引っ込んだ。上屋敷には、暉之を置き、深川に見舞いに来ることを禁じ、次男広籌のみに看病させている。その他の見舞いは断った。潔い姿である。

久世は、同月二十七日に六十一歳でこの世を去った。人々は「この人は、現政権において、非常に秀でているように見え、老中が一人のようであった。惜しいことである〈此人当代にては抜群に相見へ、御老中壱人の様に申候処、おしき儀〉」と、口々に言い、彼を信頼していた旗本たちは、江戸中の灯が消えたようだと述べていたという。

久世の人柄は、多くの人に愛され、その能力は高く評価されていたのである。

第三章　吉宗が信頼した家臣・吉宗が疎んだ家臣

人材なくして「安民」なし

享保二年（一七一七）六月。鳩巣は、最近の江戸の大きな弊害について、次のように述べている。

①賊吏が多く、末々まで賄賂が横行している。
②商人が利益を貪っており、物価が高騰している。
③火災がたびたびあり、困窮が深まっている。

そして、この三つの根元的原因は「風俗悪敷故」だという。火災も、付け火は十の内二、三件のみ。その多くは、該当の家々の者が好きなことをして気ままに遊んでいるので、失火したのだ、と。加えて、火消し役人のやり方もいい加減。これらのことは、すぐによく調査しなくては、なかなか改善されるとは思えない。そして一番の原因は——。

第一の原因は人材が無いことなので、念入りに調べ、諸役人を上から下まですべてに、すぐれて強く正直な人物を得ようとしなければ、兵具が鈍く、切ることができません。どれほどの力を持った人でも鈍い刀で働くことはできないのです。

——第一は人材無之故にて候間、人材を御詮議有之、諸役人貴賤共に剛明廉直の士を得候様無之候ては、兵具鈍く、きれ不申候故、何程の勇力の人も鈍刀にて働不罷成候

現在の江戸が抱えている弊害の原因は、有能な人材が居ないことにある。早急に切れる刀を見つけなければ、いくら腕の良い吉宗でも、その力を発揮できないというわけだ。

鳩巣が、吉宗のブレーンとなってから少し後のことになるが、享保七年（一七二二）三月の御前講義で、「書経」をもとに「安民（人々が心安らかに生活できるようにすること）」について講ずることを求められた際には、主君がいかに優れていても、一人では良く国を治めることは不可能で、よく切れる刀、つまりは良い人材を目利きして取り立て、彼

らを使って国を治めることが、「安民」の実現に必須だと述べている。

また、「人を知る、すなわち人を官す〈知人則官人〉」という言葉を次のように解説する。

百官おのおのその職の中身が違いますので、それぞれ相応の能力のある人をその官に付けることを「人を官す〈官人〉」といいます。凡人にも、能力の有る部分、無い部分があるものです。全く役に立たない者はあまりいません〈一ッも用に立不申者とては余り無之ものに御座候〉。「人を知る〈知人〉」とは、その人の能力のある所を見極めることで、相応の官職に命じれば、みな役に立ちます。用い方が悪ければ、役に立たない者が多く出来てしまいます。それゆえ、「人を知る」とは聖人さえ難しいことだと思います。それだけではなく、今ひとつ、常々聖人でも油断してはならないのは、巧言令色の人をつい用いて、大きな害となることで、気を付けなければなりません。能力を知って用い、不能を知って用いない、とすれば良いだけなのですが、才能ある人の中には、軽薄な者もいます。ふと才能があることに騙されて用いてしまうと、国家天下の禍となります。能力があるために言葉を巧みにし、顔色を良いように似せて、もっともなことを図り、または正しい人のようにも見えるので、うっかりそれに騙されて用いてしまうと、上の権力をかりて、自分の好きなように振る舞い、他人に害を与えます。しかし、その欠点を巧言令色に塗り隠しているので、後には現れますが、はじめのうちは気付かずに用いて後悔することは、唐・日本、古今ともによくあることです。明智を持つ聖人でさえ、これを畏れています。才能がある人の中に、このような人が必ずいるので、御油断なきように存じます。

適材適所。これまで、様々な手厳しい発言があった鳩巣だが、ここでは、一つも役に立たない者はあまりいない、と述べている。つまりは、君主の見る目次第。やはり鳩巣は、主君の能力の重要性、責任を問うている。ただし、能力のある者の中には、思慮が浅く、自分勝手に振る舞う者がいるので要注意、とのこと。人材登用は、やはり難しい。

それでは、吉宗はどのような人材を取り立て、また、排除したのだろうか。

享保二年五月二十一日、大目付横田由松が、千石加増、五千五百石となった。勤続年数は同役の仙石久尚の方が長いためか、人々は意外に感じたようである。吉宗は横田の、常に老中の言いなりでないところや〈御老中へすきと勤不申候〉、他よりの音物などは、決まった格の他に受け取らないところを評価したという。

同五年八月二十八日には、目付の筧正鋪《かけいまさはる》が、勘定奉行になり、五百石の加増で千石となった。この人は、普段から非常に飾り気のない真面目な人で、才智があるとは聞いたことがなく、周りに知られた人物ではなかった。鳩巣は、用いる人に質実剛健な人物を取り立てることは非常に結構なことだと評している。加えて鳩巣は、筧の就任時のエピソードも耳にしていた。吉宗から直接任命された際、筧が「不調法者でございます」と申し上げたところ、「不調法であるのは、少しも問題ない」との上意だったとか。

これらの事例をみると、「倹素」という吉宗政治の根本を実践している人物を取り立てていることになるだろう。その人材登用の方針は、才知よりも、吉宗政治の体現に重きを置いているようだ。その人材自体も吉宗政治そのものであり、そこから社会を変えていこうという、徹底した吉宗の姿勢が感じられる。

それでは、どのような人物が役を追われたのだろうか。

解任された若年寄——森川俊胤

享保二年（一七一七）十一月十六日、若年寄森川俊胤が解任された。森川は、正徳四年（一七一四）九月六日から若年寄を務めており、この時の若年寄は、綱吉政権期から務めている最長老の大久保教寛と、本庄での鷹狩で、吉宗に酒を勧められて酔っぱらった人物として第二部第一章に登場した大久保常春の三人であった。つまり、いずれも吉宗が任命した人物ではない。しかし教寛は、享保八年三月六日に、高齢のため退任し、常春は同十三年五月七日に老中に昇進するなど、つつがなく務めた。唯一、吉宗政権の初期に解任されたのが森川で、二度と役職に任じられることはなかったのである。鳩巣の伝えるところによると――

この人のことは、皆が憎んでおり、今回のことで、一同が喜んだ。ことのほか、悪賢くよこしまで、残酷で薄情な人であった。日頃も人々から聞いたところでは、「当代の大悪人」という人までいた。

――此人衆のにくむ処にて候処此度一統に歓申事に候、殊の外奸智巧邪の上、残忍刻薄の人にて候、頃日も人々御承り候処に、或は当代の大悪人と申人も有之

尋常でない評判の悪さである。いったい何をしでかしたのか。

森川は、吉宗が鷹狩等で御成の際に、御威光をかりて傲慢な振る舞いをしたため、

下々の者が毎回苦労していたという。

また、若年寄支配下の旗本の御家相続に関しても、森川の不適切な対応があった。久留米藩主有馬家一族の旗本をめぐっての一件である。

背景を見ていくために、時は綱吉政権期までさかのぼろう。五代久留米藩主有馬頼旨《よりむね》には、跡継ぎが無かったため、小姓組番士石野則員五男で、一族の旗本有馬則故《のりふる》の養子となっていた則維《のりふさ》を養子に迎えた。従って則故の跡継ぎが居なくなってしまったのである。則維の長男則矩《のりかね》は、則維の跡を継ぐため、そこには、次男の大次郎を据えた。ところが、則矩が、宝永五年（一七〇八）七月七日に八歳で

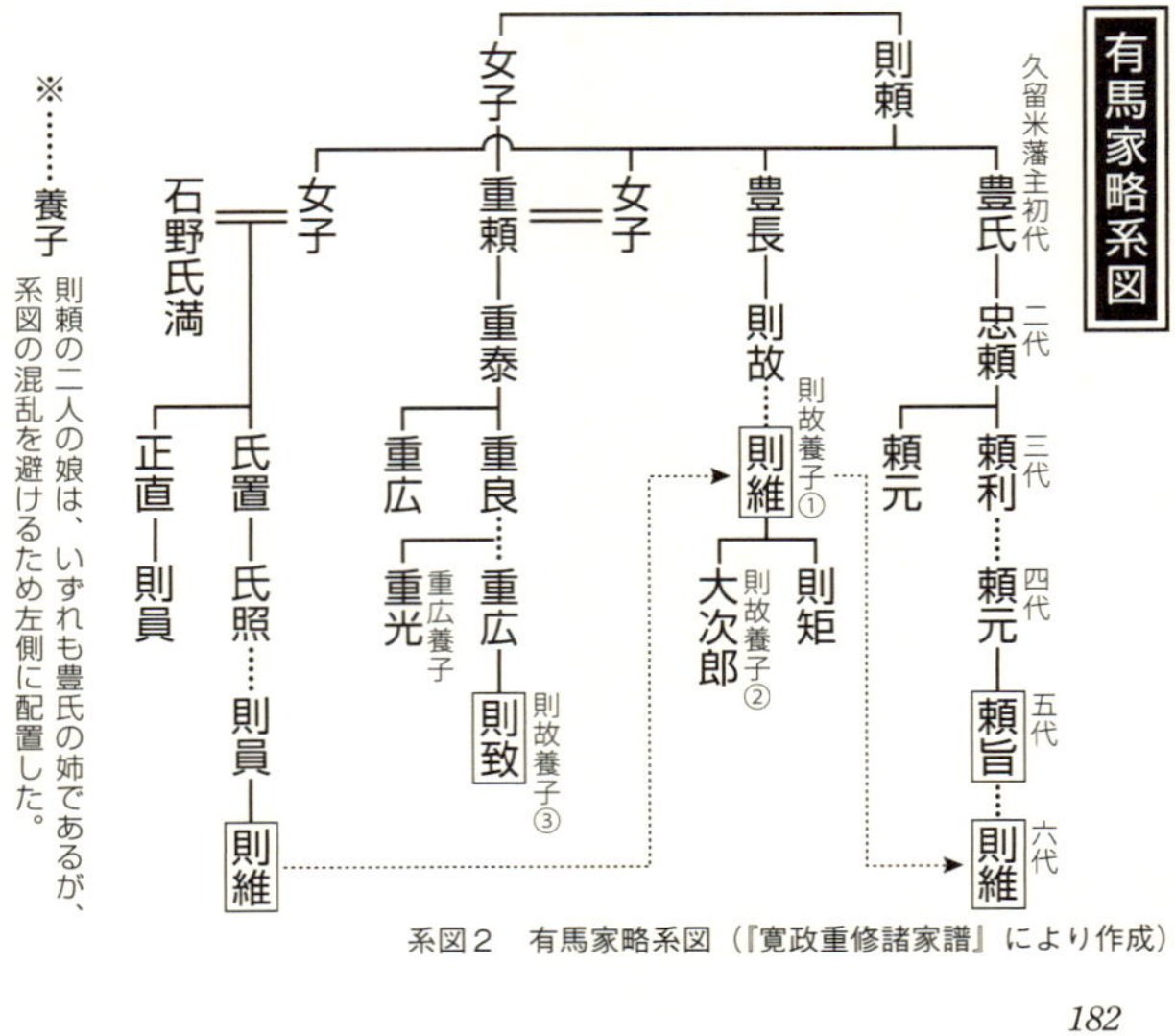

則頼の二人の娘は、いずれも豊氏の姉であるが、系図の混乱を避けるため左側に配置した。

系図２　有馬家略系図（『寛政重修諸家譜』により作成）

死去してしまったので、大次郎は実父のもとに帰り、則維の嫡子となった。則故にとっては、最初の養子則維も、二度目の大次郎も本家に取られたわけで、またもや跡継ぎがいなくなってしまった。そこで今度は、一族の七百石取小姓組番士有馬重広の長男で、書院番士を務めていた則致《のりむね》を養子に迎えた。

となると、今度困るのは、長男を養子に出してしまった有馬重広である。重広は実弟の重光を養子とし、重光は宝永六年四月六日に書院番士に任じられた。『寛政譜』には記載がないが、「兼山秘策」によると、重光は、養父とは別に召し出され、三百俵与えられたという。

問題は、ここから。有馬重広は、享保二年八月二十九日に七十七歳で死去した。この時重光は五十歳を過ぎており、自らの健康に不安を感じていた上、嫡男がいなかった。そのため重光は、養子願を提出したが、森川は、五十歳以上の者は末期養子を取ることができない、として願書を受け取らなかった。しかし、そもそも重光が五十歳より若い頃は、まだ部屋住という立場であり、養子願は出せるはずはないのである。特異な例であるが、それでも森川は認めなかった。不幸なことに重光は、養子を取るどころか、自らが家督相続をする前の同年十一月二日、亡くなってしまったのである。よって、御家断絶となった。

森川の頭の固さ、融通の利かなさと言ったら……。いや、多方面から恨みを買っていたらしいことから察するに、頭が固いというより、意地が悪いのかもしれない。自らの力で旗本の家を潰す快感に酔っていたのではないか。

しかし間もなく吉宗から、重光が願い出ていた養子で、有馬則維の家臣有馬重尚を、久留米からすぐに呼び出すよう指示があった。一門の者たちは、重光の跡目の三百俵を仰せ付けられるのでは、と大喜び。ところがその期待は、良い方に外れた。同年十二月二十一日に、重尚に申し渡されたのは、重光の三百俵ではなく、重広の七百石を相続することだったのである。親類たちが感激したことは言うまでもない。

家督相続についての森川の不祥事は他にも見られたようだ。綱吉政権期に廊下番を務めていた役者出身の二人の幕臣が、森川のために理由なく召し放ちになっていたのを、吉宗自身が御番帳を自ら調べ、番頭を呼び出して調査した上で、召し返すということがあった。これは、森川のやり方が吉宗の考えではなかったことを周知させたわけで、幕臣たちを安心させるために行ったらしい。これまた、森川の不祥事の後始末である。

森川は、解任された時、西丸普請の総奉行を務めていた。これは、享保二年秋に工事が始まり、この時、奥はすでに完成しており、十二月十五日に天英院（家宣正室）が引き移っていた。この事業についても、森川は、権威を振り回し賄賂を取っていたという。

この時のサイドエピソードを一つ。この普請の手伝いを、同二年八月二十七日に命じられていたのが、五代将軍徳川綱吉の側近として活躍した柳沢吉保の嫡男で、甲府藩主柳沢吉里だった。吉里は、この件で解任されることはなく、その後も業務を継続した。そして翌三年の正月の御謡初に、阿部正喬・間部詮房とともに、吉宗より金盃を下賜されている。吉宗が、前代の遺老やその縁につながる者たちを大切にしている様子がうかがえるが、吉里は居心地の悪い思いをしたようだ。実際、吉里の家老豊原周防は、幕府の役人に取り入って、材木などを横領していたことから、甲府に返され、切腹を命じられていたのである。その様なわけで、豊原をはじめ、担当者の多くが罪に問われ、元々担当していた役人は、十人ほどしか残らなかったという。森川の悪の影響力のすさまじさが、わかるだろう。

森川に対して、解任の際には、遠慮（居宅での蟄居。軽い謹慎処分）には及ばないとの申し渡しだったが、その後の江戸城での控の席を指示されなかったため、屋敷に引き籠らざるを得なかった。菊之間縁詰に命じられたのは、十二月二十六日のことであった。実質上、一カ月強の謹慎処分である。これを聞いて、正月を待つ子供のような、何となく喜ばしい気持ちだ、という人までいたとか。

この解任劇について、鳩巣は吉宗の「剛明さ」に感じ入っている。

出羽守（森川）などが上にへつらう事は、他の者を圧倒するほどである。吹上御殿の御成の時から、自分で酒の燗をするような様子で、お察しいただけると思う。不明の君であったならば、騙されることは疑いない。兎角、へつらう者は御気に入らないのだという。

——羽州抔上へ諂申事は衆に越と申す事にて候、吹上御殿の御成の時より、自身に酒のかんを致し申す体にて御察可被成候、不明之君に候はゞ被蔽申儀無疑候、兎角諂申す者、阿佞の者御意に入り不申由申候

先に、鷹狩に随行して、百姓家で吉宗に酒を勧められて、真っ赤な顔になっていた（第二部第一章）同役の大久保常春は、順調に老中まで出世。なかなかチャーミングな人柄が目に浮かぶようでもあった。片やこの森川は、同じ酒がらみでも「吹上御殿の御成

の時から酒の燗をする」という人物。御成先で、身分的にはする必要のない燗をするなど、追従のあげく首。なかなか痛快だ。

吉宗に疎まれるような森川の行動の根底には、何があったのか。それを想像させるような記述が、江戸後期の平戸藩主松浦静山の随筆「甲子夜話」に見ることができる。ここでの森川は、吉宗の政策にひたすら反論したために罷免されるが、吉宗はその一方で直言する姿勢は好ましく思っていたため、息子をすぐに大番頭に取り立てた、という。しかし、実際のところ息子の俊常は、森川の免職直後ではなく、享保十七年閏五月十一日の致仕の後に、大番頭に任命されているので、事実誤認がある。加えて、一本気な性格という「兼山秘策」の森川とは正反対の人物像である。後世の随筆という史料の限界を感じざるを得ないが、「甲子夜話」にも無視できない記述がある。吉宗が激怒して、どのような考え方で旗本を支配しているのか問うた時、森川は少しも恐れず「権現様（家康）の御大法をもとに旗本を支配しています」と言い放ったというのだ。家康の制定した法を祖法として最も大切にすることは、幕臣として当然だが、吉宗の前でその政策に反論している中で、このように述べることは、徳川宗家ではなく御三家の血筋である吉宗を軽んじている気持ちがあると言わざるを得ない。森川の曾祖父重俊は、大坂の陣で活躍し、二代将軍秀忠の死に伴い、殉死している。その誇りを常に心に抱いていたならば、吉宗の方針に反するやり方で、思いのままに旗本支配を行った姿勢はわからないでもない。確かに、先に挙げた有馬家の相続の一件では、五十歳以降の末期養子をかたくなに認めようとはしなかった。この政策について、幕府は当初、末期養子を一切許可しなかったが、慶安四年（一六五一）に、父が五十歳以下の場合は認めることとし、天和三年（一六八三）の綱吉政権時の武家諸法度では、五十歳以上の者でも場合によっては許可するようになっていた。武士として老齢になるまで跡継を決めておかないのは、あるまじきこと、というそもそもの考え方を大切にし、政策を大きく緩和した綱吉は、直系の将軍でないことを考えると、森川の中では筋が通っていたともいえよう。森川の心の闇は深かったのかもしれない。

話を元に戻そう。ここからは、吉宗が嫌った「へつらい、おもねる者」とは、どのような人物を指すのか詳しく見ていこう。鳩巣は、次のようなエピソードを書き残している。

享保二年十二月二十日、鷹狩関係の儀礼やその際の市中警備についての法令が改正された。その結果、これまでは、御成の日は、堺町（江戸三座の一つの芝居町）見物は、一日停止であったが、商売と同じなので、興行を打っていても構わないということになった。

その時、江戸で公演していたのは、六代目中村勘三郎と四代目市村竹之丞であった。竹之丞は、いまだ公演中だったので、御成の当日も興行した。勘三郎は、前日に興行が終わっていたのにもかかわらず、とにかく公演するように町奉行から申し渡され、わざわざ法楽を一、二番上演したとのことであった。この時の月番は中町奉行坪内定鑑であった（ちなみに中町奉行とは、月番奉行の負担を軽減するために元禄十五年〈一七〇二〉から享保四年〈一七一九〉の間のみ設置されたもので、この期間は、北・南・中の三人制であった）。

この坪内の行動を鳩巣は、次のように解説する。

（興行は）終わっていれば、それまでのことなのに、わざわざ行わせることは、これはもはや上様の御意向に添わせているだけである。しかし、本当の意味での思し召しにはかなわないだろう。いずれにせよ、（上様は）このようなことはお嫌いであるが、諸役人の「くせ」となっているので、合せたがるそうである。

——仕廻候はゞ其分の事にて候処態と致させ申事、是もはや上の思召にあわせ申気味に候、思召には叶間敷候、兎角御嫌に候へども諸役人くせに罷成候間、合せたがり申由に候何とナンセンスな指示。興行が終わっているにもかかわらず上演を命じられたのだから、勘三郎も迷惑だったに違いない。上様がせっかく許可してくださっているのだから「ありがたいと思え」と言わんばかりの押しつけがましさ。庶民の都合より将軍の御機嫌を優先しようとする坪内の視線は、法令の対象者には向いていないのだ。為政者にとっては御機嫌取りを好む者もいるだろうが、吉宗の場合は違う。御成のために商売ができなくなっていた者たちを思い、法の改正をしたのである。これまで見て来た吉宗の人物像からも、下の者が迷惑するようなことは好まなかった様子がうかがえ、坪内の行動は御意に添っているとはとても思えない。しかし、あの厳しい鳩巣が、坪内を直接は責めていないところが面白い。追従は、役人の「くせ」だと言うのだから。

ちなみに、この時の南町奉行は大岡忠相。大岡が月番であったら、どのように指示しただろうか。

任命された若年寄――石川総茂

森川が罷免される少し前の享保二年（一七一七）九月二十七日。石川総茂が、若年寄に就任する。吉宗が初めて任命した若年寄である。彼の任命理由をみると、吉宗の考え方が良く分かる。森川とは対照的な人物なのだ。
石川は、若年寄に就任する前は寺社奉行を務めていた。そこで扱った案件に、本願寺と高田専修寺との訴訟があった。高田専修寺は吉宗の正室の縁戚に当たり、吉宗は、紀伊藩主時代からこの争論を知っており、高田専修寺側が理にかなっていると耳にしていた。吉宗が将軍に就任して、この一件が評定所にかけられると、石川以外の者たちはすべて、高田専修寺を勝訴とした。すると、石川は次のように述べたという。

とにかく、理非を問わず、御意の通りに遊ばされるとのことであれば、どのようにでも御意次第にいたします。そうでなければ、私の考えを申し上げます。

訴訟の中身を吟味することなく、吉宗の縁者の方を支持する他の幕閣を批判し、吉宗に対してもその姿勢を問うたのである。縁者を勝たせたいのか、それとも、真実を追求するのか、と。
吉宗は、後者だった。本願寺側が正しいとする石川の説明を納得し、それまで聞いていたことは誤っていたとしたため、本願寺が勝訴した。その十日後に石川は、若年寄に任命されたのだという。吉宗は、おもねらない点を大いに気に入ったのだろう。また、就任後もその期待を裏切らなかったようで、同十年十一月二十八日には、西丸側用人、つまり吉宗の嫡男家重の側近に任命されている。

ちなみに、この本願寺・高田専修寺争論で、株を下げた老中がいた。第二部第二章で、吉宗に気に入られようと、鷹を献上して失敗した井上正岑である。いかにも、ありそうなことだ。同章では、久世重之が活躍し始めた時期には、井上の勢力が小さくなりつつあったとも述べたが、まさにこの頃のことである。巷には、井上が、何も考えず高田専修寺を支持したために、吉宗の信頼を失ったのではないかとの噂が流れていた。

ちなみに、この出来事は、有名な大岡忠相の抜擢についてのエピソードを思い起こさせるかもしれない（「明君享保録」）。大岡が山田奉行の際、長年続いていた伊勢神宮領の山田と紀伊藩領松坂の境界争いを、それまでの奉行は松坂側に問題があるのを分かっていながら、遠慮して放置していたのに対し、依怙贔屓なく吟味し、紀伊側を処罰したことに感心した吉宗が、将軍になってから町奉行に任命した、という逸話。しかし山田奉行には、訴訟を扱う権限が無く、この話はフィクションである（大石学『大岡忠相』）。

鳩巣の石川評も紹介しておこう。非常に「温和・平易」な人物で、このような人が御意に応じていることは珍重である。しかも石川の元の領地の伊勢国神戸の百姓たちは、聖人のように言っていて、若年寄に就任し、所替となった際には、非常に残念がったとのことで、よほどの人であろう、と褒める。ただ残念ながら、石川にも弱点があった。

享保六年正月十四日。鳩巣は木下寅亮・服部保廣・土肥元成とともに、初めて御前講義を行った。その場を仕切ったのが、石川であった。石川は、鳩巣が寒い思いをしていることに気付いたため、台所で、料理や少々の酒が振舞われた。なかなかな気配りの、優しい若年寄である。

鳩巣は、「はじめてのことだから、きっと不調法をしたのではないか〈不案内至極のことにて定て不調法に可有之〉」「でも、まずはまあのできで終わったので、御満足下さった〈去ども先大方に仕廻候間、御心安被思召可被下候〉」「少し、調子をゆるやかにして、長く講義すればよかった〈少調子ゆるやかにて長く講じ申儀罷成候はゞよく可有之候〉」など、くよくよと反省の弁を述べている。吉宗の御前においての初講義だから、緊張するのは当然ともいえるが、あれこれと終わってから考えている鳩巣の様子には、普段の「信念の人」のイメージとは異なり、親近感がわき、何やらほほえましくもある。

話を元に戻そう。鳩巣の石川評は、褒めっぱなしではなかった。最後にチクリ。

近江守殿（石川）をはじめ、みな無学なので、ただ（御前講義を）早く済ませて、上様が退屈されないように、との心遣いばかりしていた。

——近江守殿初め無学故、たゞはやく済候て上にも御退屈無之様にとの心遣ばかりにて候

内心、鳩巣は苦々しく思っていたのだろう。学問を解そうとはせず、退屈なものと思っているのだな。何たる「無学」！　——どこかで似たセリフを聞いたような気がしないだろうか。そう、前代に新井白石や鳩巣が、老中たちを評して「不学」と言っていた（第一部第三章）。しかも、鳩巣に言わせると、無学なのは石川だけではないようだ。

少し後になるが、享保七年五月二十一日に学問嫌いといわれる安藤信友が老中に任命された際には、老中など上位の幕臣たちの内、学問の道を知っている者を任用されれば、末々の者も学問に励むと思われるのに、一人もそのような方がいないと嘆いている。先代からの老中たちが、学問を知らないのは仕方のないことだが、吉宗政権期になってから任命された人物まで、学問の道を解さない者であることに、がっかりし、「私たちは希望を失いました」と将軍側近の有馬氏倫にまで、言っている。

鳩巣の遠慮のない発言が出たところで、次節では、その鳩巣が主役。鳩巣もまた、吉宗に信頼された家臣だったのである。

吉宗のブレーン――室鳩巣

鳩巣が、吉宗に政務について、アドバイスを多く求められるようになったのは、享保六年（一七二一）からのようである。

五月二十五日。木下寅亮と鳩巣が、吉宗側近の有馬氏倫・加納久通に呼び出され、黒書院廊下でお尋ねを受けた。内容は、先祖への孝敬についてなどで、打ち合わせすることなく各々の見解を述べるようにとのこと。その様子に、鳩巣は、今後も意見を聞いていただけるのではないか、と期待している。また、吉宗は、寅亮の父木下順庵のことをよく知っており、寅亮自身も紀伊藩主時代より書物の御用などに与っていた御馴染の者だから当然としても、自分は、以前からお仕えしている者ではないのに、同役の中から選ばれて下問を受けたことに感激。天にも昇る心地だ、と次のように述べている。

この上の御奉公は、真直ぐに身構えることなく、自らの考えの通りを、少しもごまかすことなく申し上げるほかはない、と覚悟を決めました。受け入れられるか、そうでないかは、結局、天のみぞ知ることです。どうか「五常（儒教における五つの正しい道。仁・義・礼・智・信）」の道理にそうように願っています。

——此上の御奉公は唯身かまへを不仕、所存の通少も抂げ不申より外は無之と覚悟相定罷在候、遇不遇は畢竟天にて御座候、何とぞ五常の筋へ参候様にと奉願候

本節では、この吉宗と鳩巣の関係性について、述べていくことにしたい。

同七年四月九日に、鳩巣が、奥村修運（室門七才の一人）へ宛てた書状によると、昨年以来、御用のことが多いので、すべて書くことができないとしながら、防水・治水のことや先祖への追孝のことを尋ねられたと伝えている。

また、とある日には、衣服・料理などの儀式を定めたいとの吉宗の意向が、有馬氏倫を通して伝えられた。諸事の儀式を定めれば、必ず天下の風俗が改まるだろうとの吉宗の考えによるものであるが、それについて鳩巣は異論を唱える。今の風俗は、なかなか儀式で改まるとは思えない、と。まずは、御教令を下し、つまりは教え諭すことによって、人々の耳目を改めるようにしてから、その後に、儀式を定めるようにするべきであ

る。たとえば、五穀の種はどれほど良いものであっても、砂利を取り去らないでその上に蒔いても育たない。まずは土地を作るようにしなければ、と。有馬は大いに感心したという。

吉宗は、諮問のたびに「詳しく述べるように」と言っていた。加えて、鳩巣が申すことに同意していても、その通りに実行するのは難しいことも、有馬を通して鳩巣に伝えている。たとえ実現せずとも、そのことに影響されることなく、率直な意見を伝え続けてほしい、との強い意向の表れだろう。

それを受けての鳩巣の建言の姿勢は、次のようなものだった。

すべて私の答えの心得は、聖賢の意に適うと考えていることであり、それをそのまま申し上げています。世の中の成り行きを鑑みて、良し悪しを判断してはおりません。御取り上げになるか、御捨てになるかは、お上のご判断です。これ以後も、そのように御心得下さい。普段の学問の力で知り得る通りを真っ正直に申し上げます。

——総て私御請の心得は聖賢の意に相叶可申と奉存候趣を以直申上候、時勢におゐて可宜哉否との考は、先は不仕心得に御座候、御用捨は御上の御裁断に御座候、此以後とても左様に御心得可

被下候、平生学問の力を以存寄候通、真直に申上候

このようなことを申し上げたら上様のお気に召さないかもしれない。どのような意見が、上様のお気に入るだろう。そのような忖度《そんたく》は一切せず、自分の思うままに意見し、その良し悪しは吉宗の判断、というわけだ。後日、御前で鳩巣と直接吉宗が相対した際には、次のようなやりとりがあった。鳩巣は、平伏していたようなのだが……。

吉宗「そのように手をついていてはなかなかうまくいかない。手を挙げて申すように。すべてその方どもは、考えを尋ねても、『ごもっとも。ごもっとも』と述べるばかりで、何とも相手にならない。それに対して、その方は自らの考えを、残らず上申するので、心得になる。だからこそ、必ず呼び出すのだ」

鳩巣「なんとも申し上げ様もないほど、ありがたい上意、勿体なく存じます」

へつらう家臣を嫌った吉宗にとって、鳩巣のスタイルは、望むところであった。鳩巣は、その信頼を勝ち得たのである。

このような吉宗との関係を、鳩巣自身はどのように感じていたのだろうか。先に挙げた享保七年四月九日付奥村修運宛書状の末尾には、次のように記されている。

私も七十歳まで生きていることができれば幸せだと思っています。この先、あまり長くはありません。七十までとしても、もう四、五年です。死後に私は、取るに足りない者ではありますが、これくらいには身を立てたことを、文字の端にでも残したいのです。これは世間においての「名声」のようですが、身を立て、道を行き、後世に名を顕すことは、「孝」の究極の姿でもあります。「立身行道」などということの万分の一にも足らないことですが、少しは、普段の学問に負うところがあるのではないでしょうか。御憐察くださいますように。

——私事七十迄居申候へば仕合と奉存候、余り久敷は罷在間敷候、七十迄罷在候てもはや四、五年にて候、死後に私数ならず候へども是程には身をも立申段、文字の端にも申こめ置度との事に御座候、名聞の様に候へども、立身行道顕名後世は孝の終とも有之候へば、立身行道など申事の万分ケ一にも不足事に候へ共、少々平生の所学に負不申とも可申候歟、御憐察可被下候この時、鳩巣六十五歳。「孝」の究極の姿である「立身行道」の万分の一にも足らないとしながらも、晩年に、時の将軍の諮問にあずかるほどに立身できたことを、後に伝えたいとの思い。「文字の端にでも残したい〈文字の端にも申こめ置度〉」というところに、その思いの強さが感じられる。そして、儒学者として普段から学問に向き合っているからこその今だ、という誇らしい思い。あと四、五年の寿命が尽きるまで、精一杯務めるのだ、という決意。この書状は、青地兼山や小寺遵路〈室門七才の一人〉、鳩巣の甥新八郎に見せた後に、火中に投じてほしいとも書かれている。つまり、愛する門人や身内という心を許せる相手だけに吐露した本心、というべきものであろう。

この鳩巣と吉宗の関係について、青地兄弟は、喜んだ一方で心配もしていたようだ。その原因の一つが、享保七年五月二十八日に出された倹約令であった。幕府財政が苦しいために、吉宗は幕臣への俸禄の支払いを削ったのである。そのために、吉宗のブレーンである鳩巣も旗本の恨みをかったのではないか、というわけだ。

麗澤は鳩巣に宛てた手紙の中で、兄の兼山が「現在もろもろの先生の御用お勤めのご様子は、旗本衆には、新井氏のように映るのではないかと心配していました〈只今諸事先生御用御勤の御様子、旗本衆新井氏の様に沙汰可仕哉と気遣に存候〉」と述べている。そして、江戸屋敷の麗澤のもとを、頻繁に訪れる御城坊主衆の遠慮ない戯言のような話に、注意して耳を傾けたとのこと。その中で、この件について何の噂も聞こえてこず、聞番たち（幕府や諸藩に対する渉外担当者）が坊主衆と噂交じりの話をしている中にも、その話題が出ることはなかったため、安堵したという。しかし一方で、吉宗自身に対する様々な誹謗は、耳に入っているようであった。

幕臣に痛みを伴う改革を実行している吉宗。その諮問を受けている鳩巣が心配な麗澤であったが、白石のような悪口は言われておらず、批判は吉宗に向けられているというのだ。白石を将軍になる前から学問の師と仰ぎ、共に歩んだ家宣と、自ら確固たる政治理念を持ち、あくまでもアドバイザーとして鳩巣を遇していた吉宗、という両者の関係性の違いを、よく表しているのではないだろうか。

また麗澤は、鳩巣の建言の留書を作成したいとも考えていたが、鳩巣に、吉宗に提出しその後検討される性質のもので、長文に及び草稿を作ることも困難なので、難しいと断られている。麗澤は、一度上覧が済んだところで返却を願い出て、控えを作成した上、再度吉宗に提出することを提案した。書き写す作業は自らが、かって出ており、鳩巣の建言をまとめて、加賀藩の御用に役立てようと、熱心であった。とはいうものの、実現は不可能だろうと、あきらめてもいた。それには、次のような事情があったからである。

享保七年七夕より以前、鳩巣は、吉宗側近の加納久通・有馬氏倫に自らの役儀に関する誓詞の提出を申し出ていたのである。鳩巣は、吉宗にお人払いで下問を受けるたび、退出後に御用の内容を尋ねてくる者が多いことに困っていたようだ。そこで、誓詞を提出すれば、遠慮して、自然とそのような者が居なくなるはずで、返答もしやすくなるというのである。もちろん、誓詞の有無により鳩巣自身が態度を変えるわけではないが、誓詞を提出すれば、それが常に心の中にあるので、無意識にでも御用の事を漏らすことはないし、御用の筋が外に漏れるようなことがあっても、軽輩で新参者でも、自分を御疑いになることはないはずで、御用も勤め易くなると、鳩巣は訴えている。ちなみに七月七日の、青地麗澤が兼山に宛てた手紙には、誓詞がなされれば、自分も一切御用の話を聞くことができなくなるので、今のうちに聞いておかなければ、などと書かれている。

鳩巣の意向は、詳しく吉宗に伝えられ、「その必要はない」と一度は退けられたが、追って協議され、同年八月一日に、御城において、加納・有馬の見届けで、誓詞を提出した。誓詞の前書は、「今後、お尋ねのことは、どのようなことであっても、知っていることを真っ直ぐに申し上げ、少しも身構えることなく、本心のままに〈向後御尋の品々不依何事、存寄真直に申上、すこしも身がまへ〈不仕、心底に残し申間敷〉」「政治向きのことで、内密の話し合いはいささかも他言しない〈御仕置の筋にて御内談の儀いさゝか他言仕間敷候〉」の二条であったという。

麗澤の懸念通り、誓詞のことは、親しい門人の青地兄弟に対しても守られた。十一月四日付の兼山宛の、御前講義について記した手紙の中にも、「政治向きに関係することは、誓詞があるため、絶対に他言はしない。これは私の講釈のことで、(政治とは）別のことであるので、お話しした」という一文がある。

このような鳩巣の慎重な態度から、彼が吉宗政治の内容に深くかかわる立場であったことがよくうかがえる。ただし、なぜこのタイミングで鳩巣は、誓詞を提出することを自ら申し出たのだろうか。享保七年の七夕の前。この時、何があったのか。

実はこの時期、代表的な吉宗の政策が発表されているのだ。おそらくこの件で、鳩巣は、御前から退出するたびに、幕臣たちからの「どのような御用でしたか」との質問に悩まされていたのではないだろうか。

次章では、この有名な政策にスポットを当てていくことにしたい。

第四章　吉宗の目指した幕府財政建て直し

吉宗、参勤交代制度改革を提案する

吉宗政権の最大の政治課題といえば、幕府財政の建て直しであった。享保七年（一七二二）六月、青地麗澤が、なぜ財政状態が悪いのか、鳩巣に尋ねている。原因として挙げたのは、以下の三点。

①綱吉政権期に莫大な支出があり、幕府の金蔵がすっかり底をついた。それに加え、収入の目途が無いにもかかわらず、新たな加増が多かった。そのため、金銀の吹き替えを行ったが、その後の政権で、金銀をもとの質に戻したため、今でも幕府の金蔵は空のままである。

②役に立たない医師にまで遣わしている知行高が四十万石もある。

③今年（享保七年）は凶作であり、どうなるか分からない。

綱吉政権の負の遺産を抱え、凶作も重なる中、吉宗はその打開策を求めていた。しかし、勘定奉行からも名案が出なかったようで、側近の有馬氏倫を通して、鳩巣へも御下問があり、吉宗から次のような提案があった。

諸大名の参勤のことは、代々御定法で、隔年となっており、諸大名の大半は江戸に詰めている。そのため、公私の出費は甚だしく、職人や商人の類もこれに準じて、江戸に増えすぎている。中国の法ではどのようになっているのか調べよ。五年あるいは三年に一度参勤すればよいのではないか。

参勤交代の改革の提案である。なお、山本博文氏の『参勤交代』（講談社）でも、「兼山秘策」からこの件について論じられている。多少重複する箇所があることは避けられないが、まさにこの法令が鳩巣の誓詞のきっかけであると考えられるので、順を追って見ていきたい。

さて、この吉宗の提案は、諸大名の経済的負担の軽減にはなっても、江戸の町を衰退に向かわせるのではないか。この方法で、本当に幕府の財政は改善するのだろうか。

しかし鳩巣を驚かせたのは、吉宗が「参勤交代」つまりは幕府に対する諸大名の服属儀礼という、徳川幕府支配の根幹に関わることに手を付けようとしたことだった。鳩巣は、天下の大事、国勢の盛衰にも与る問題であるから、軽々しく考えを申し上げられないと、この部分は保留とし、別の二案を示している。

①京都、大坂、駿河など遠方の城代については、これまで倍の加増が前例になっており、不相応の出費である。これらの役職については、今後、妻子同伴の引っ越しを命じ、十年も十五年も務めさせるようにすれば、転居費用は少し嵩むものの、数年以内に、幕府の支出を減らすことができる。

②小普請など、現在これといった仕事が無い旗本は、江戸近辺十里内外の地に在郷し、御用のある時にのみ江戸に出てくるようにすれば、江戸の職人や商人もこれに準じて、自然に減少する。中国の例を見ても、全盛期の都の城下に、現在の江戸の様に天下の者があふれていたことはなく、付近に散在していた。

鳩巣も、職人や商人の江戸集中を分散させる点は、吉宗案を支持しているようだ。ただ提案のメインは、旗本についての幕府の支出を減らすことである。つまり、地方勤務の者については、家族ごと転居させることで出費を抑え、さほど仕事のない旗本はそれぞれの領地に土着させようというのだ。しかし鳩巣は、武士の心理について疎かった。吉宗は「遠方の御城番などは、妻子まで引っ越しを命じれば、今後出世の道が閉ざされてしまったように感じ、気鬱になってしまわないか」と心配を口にしている。現代の会社においても、地方勤務は、出世のステップと左遷の両方の場合があるようだが、吉宗政権期の幕臣にとっても、地方勤務は悩ましい問題だったことが察せられ、興味深いところである。鳩巣は、上司が同行しているのだから、勤務が良好な者は、江戸に戻して、役替えを命じれば、勤務のモチベーションは下がらないのでは、と答えている。吉宗は、「よく考えてみよう」と述べるに留まった。

青地麗澤、参勤交代制度を大いに語る

ここで、「兼山秘策」の記録係でもある青地麗澤の登場だ。以上の吉宗との議論を鳩

巣から聞いた麗澤は、自らの考えを語り始める。

まず、「これは一大事のことと思います。この様なことまでも御内談に及ばれるとは『白衣の宰相』ではありませんか。恐悦の至りです」と、感激の気持ちを吐露している。前章の最後の節で、鳩巣の身を案じていた麗澤の姿を見たが、この言葉からは、吉宗の重要な案件の相談相手となっている師への誇らしい気持ちが伝わってくる。そして、この問題について、まずは次の二点を指摘する。

①隔年参勤は、開幕当初からの御定めではない。家康・秀忠政権期には、五年、あるいは三年で勤めており、家光政権期から隔年に定まったと聞き及んでいる。このようなことは、新井白石もよく詮議されていたようなので、少し聞き合わされてはどうか。
②最近大名は、国元よりかえって江戸に居る方を好むようになっている。今、制度を一度ゆるめてしまうと、天下の威勢が弱まることはないか。

つまり、隔年の参勤というのは、家康の時代以来の祖法として定まっているものではないのだから、変更すること自体にためらう必要はないが、このシステムにより、幕府が諸大名を支配しているという構造を忘れてはならない、ということである。鳩巣は、賛意を示した上で、家光の時代と違い、現在の旗本は困窮しているという、情勢の違いも視野に入れるべきことを指摘し、白石については、現在は内藤宿に在住のため、なかなか対面もできないなどと述べている。

ここで、久しぶりに白石が話題に上っている。麗澤によれば、家宣・家継政権期から、参勤交代のシステムについては、議論の俎上に乗っていたことがあるようだ。しかしこの時、鳩巣が白石に対面を求めたとの記述は「兼山秘策」には見当たらない。ただ、内藤宿については、一つエピソードを紹介したい。

現在でこそ、新宿は、東京副都心と呼ばれる場所だが、江戸時代は「内藤新宿」という宿場（享保三年に廃止。明和九年〈一七七二〉に再開される）であり、江戸の中心部を活動領域としている者にとっては、近い場所というわけではなかった。もちろん、鳩巣が白石に問い合わせることをよしとしなかったため、このような言い方をしたとも、考えられるが、距離の問題もあったことは確かである。白石は、吉宗政権期には政権の中枢から退けられたことから、前政権から下賜されていた屋敷を返納し、内藤宿に屋敷替えとなった。鳩巣によると、この屋敷替えに積極的だったのは、吉宗ではなく老中だったという。長崎新例の有用性を認めるなど、白石の政策であっても良いものは取り入れようとした吉宗とは異なり、老中は、とにかく白石を幕府の中枢から追い出すことを優先していたといえるだろう。第一部で見てきた両者の関係からも、このことは理解しやすい。

この屋敷替えの事務手続きの担当者が、当時普請奉行を務めていた大岡忠相であった。享保二年（一七一七）一月二十九日に、二月一日に元の屋敷を引き渡すようにとの書状が大岡から白石に届いている。しかしその後の同年二月三日に、大岡は町奉行に就任した。つまり、白石は自分の屋敷替えの手続きの途中で、担当者が転任したわけで、困惑した白石は、同六日に「拝領屋敷は、どなたから渡されるのか」という問い合わせをしている。あらたな内藤新宿の屋敷は、大岡の後任の丸毛利雄により同二十五日に、白石に無事渡された。大岡と白石に、このような接点があったことは、興味深い（「新井白石日記」）。

話を元に戻そう。麗澤は、最終的に次のような考えを述べている。

①隔年の参勤を、三年か五年に一度とすると、天下の勢いがどのように変わるか分

からない。しかし、改革への志向を無くしてしまうのも、せっかくの機会を失うようで残念だ。
②隔年という制度はそのままとし、江戸滞在は六カ月、国元は一年半とする。

さて、この提案は、鳩巣に影響を与えたのだろうか。

鳩巣と吉宗の参勤交代制度改革案

鳩巣が、吉宗に示したのは、その枠組みに手を付けない、消極的な改革案だった。

この定も長きに渡って実施されていたものなので、急にお改めになれば、かえって国勢を弱めることにもならないとも限りません。足利時代の中期には、諸大名が参勤せず、後には気ままになり、将軍の御召しにも応じず、遂に天下の大乱に及んだことがございました。さて、軍法をもって考えれば、「軍形」「兵勢」という二つは、「孫子」の書で最も大切なことであります。そもそも軍を備えるには、まず軍兵に「なり形（すがたかたち）」を付けて、その「なり形」の中へ入れて用いれば、自然に

「きおい（競・勢）」がついて勝利することができます。少しでもその「なり形」が崩れ、「きおい」が薄くなれば、勝つことはできません。この意味で、天下のまつりごとにも、「なり」と、「きおい」があります。数十年の「なり」が一旦崩れれば、自然と「きおい」が抜けて、取り返しが付かなくなってしまうのではないでしょうか。そのようになれば大問題ですので、このことは御止めになり、ただ国々の参勤の従者を減らすように、と厳しく命じられ、前にも申し上げた通り、旗本の無用な人に在郷を仰せつければ、この二つで、大分上下の人が減るようになると考えます。

麗澤も指摘していた、参勤交代が幕府と藩の服属関係を示す儀礼である点を鑑み、現在の枠組み「なり形」を崩すことにより、これまでの諸藩の幕府への服属意識「きおい」が薄まってしまう危険性を述べているが、江戸在府期間の変更には言及していない。参勤交代の従者を減らすことと、旗本の不要な人材の在郷の二つで、麗澤案に比べ、ややトーンダウンしている。これについて、吉宗は次のように反論する。

①諸大名の従者を減らすことは、どのように厳しく命じても難しい。すでに紀伊藩

主時代に、何度も人数を少なくするよう命じ、道中の従者などは減らしたことがあるが、一年在府の内に、色々な事情で人が必要となり、結局もとの人数ほどに戻ってしまった。諸大名も同様の事情だと思われる。

②隔年参勤は、もともと家康・秀忠政権期に定められたものではない。家光政権期に、江戸城下が非常にさびしいので、諸大名の妻子を江戸に住まわせ、隔年の参勤が適当だとしたので、このようなシステムになっている。現在は、城下が賑やかでない方がかえって良いのであり、以前とは事情が違う。

③現在は、足利時代ほど諸大名に勢いはない。たとえ二人や三人が謀反した程度では、対応はいくらでもできる。もし大勢による場合は、幕府にとって江戸に集まっている方がかえって困難で、それぞれの国元であった方が、対応しやすい。

①では、鳩巣にはわからない諸大名の事情を自らの経験から語り、②は、麗澤の論理と同様に幕府の祖法ではないのだから、システム改革は可能とし、③で、足利時代とは違い、諸大名には謀反を起こすほどの力はなく、幕府は諸大名を抑えるだけの力を所持していると豪語する。

そして、大名を四つに分け、半年は江戸、一年半は国元に滞在するように定めて、交代の順序を工夫することとした。旗本については、鳩巣の考えに賛意を示している。

その後、六月某日。人払いで、加納久通・有馬氏倫だけが同席する中、再び参勤交代についての下問があった。鳩巣の「以後の天下の弱みにもなるのではないか〈以後天下のよわみにも可罷成哉〉」との改革への懸念について、吉宗も気になっていたのである。

鳩巣は、後世、将軍家何代目の御代より改めたから、諸大名の在国が多くなり、それから参勤も怠るようになったなどと批判され、その際に吉宗の御名が出ることや、在府を喜び競って参勤している現状から、制度をゆるめる必要があるのか、という点を懸念していたという。しかし、議論をしていくうちに、この御定は家康以来の祖法ではなく、家光政権期に、江戸が繁昌するように、隔年に御定めになったもので、現在はかえって繁栄しすぎて、江戸にとって良くないことや、隔年という定も変更しないで、江戸表の御政道さえ正しく着実に行っていれば、心配ないとの結論に達した、と述べている。

この期に及んで鳩巣は、参勤交代制度を緩めることが、幕府の支配体制に影響を及ぼす点については、口にしなくなった。その不安は、払拭されたのだろうか。

時代は先になるが、幕末の文久期に実施された改革を考えてみよう。政事総裁職松平慶永の発案により、外国の侵略に備えて、諸大名の負担を減らすことを目的としたものである。これは、老中らの反対に遭うものの、実行された。これにより、幕府の求心力が弱まり、その後の崩壊の一因になったことは、否定できない（山本博文『参勤交代』）。

つまり、この幕末の事例から見ても、この制度が幕府の支配体制の基盤であったことは間違いないのである。そのことは、吉宗も認識していたと思われる。だからこそ、この制度の緩和は、幕府財政が潤った享保十五年（一七三〇）には、再び元に戻されたのである。緩和は、あくまでも、幕府財政建て直しの手段として、一時的に変更したものなのである。それだけ、財政が限界に達していたともいえるだろう。

少し話が先走り過ぎてしまった。鳩巣の発言に戻ろう。

ほかに鳩巣は、京都や大坂などの豪商の所持している金銀は、将軍の御金銀であるので、一部を幕府に納めさせることを提案したが、吉宗は、そのようなその場限りのやり方は賛同しないという。幕府財政が苦しい様子を少しも隠すことなく、天下に明らかにした上、大所高所から大ナタを振るおうとしていたのである。

六月二十六日、尾張藩主徳川継友と、水戸藩主徳川宗尭《むねたか》が急に登城し、御座之間で、吉宗との会談が持たれた。青地麗澤のもとにも、御城坊主を通して、その時宗尭が「これは、これまでの御代になかったことと存じます〈是は御代々無御座儀奉存候〉」と述べたことが伝わってきたという。

この時、参勤交代制度の緩和が、ほぼ決まったのである。そしてそれは、米の上納との抱き合わせであった。

吉宗の申し渡しの文言をめぐって

享保七年（一七二二）七月三日。吉宗から諸大名に向けて、以下のような申し渡しがあった（「御觸書寛保集成」）。

幕臣の人数が、代々徐々に増加している。蔵入高も以前より増えてはいるが、切米・扶持米（幕臣の俸禄のこと）、その他の表立っての御用のための支出と比べ合わせれば、年々不足が出ている。しかし、今までは各地の御城米を廻し、あるいは御城金を急遽宛てて、なんとかしのいでいたが、今年になって、切米を渡すことも困難となり、政治向きの御用も差し支えるようになっている。そのため、前例のないことであるが、一万石以上の者に米を上納するよう命ずる。そうしなければ、幕臣を数百人、召し放つよりほか、なくなってしまうので、恥辱を顧みることなく命じる。高一万石につき、米百石を上納するように。……〈中略〉……これにより、在府を半年とするので、ゆっくり休養するように。

いずれにせよ在府のことについては、江戸には人があふれているので、今後は、在府の間、家臣の数を少なくし、なるべく減らすように。

――御旗本ニ被召置候御家人、御代々段々相増候、御蔵入高も先規よりハ多候得共、御切米・御扶持米方、其外表立候御用筋、渡方ニ引合候ては、畢竟年々不足之事ニ候、然とも、只今迄は所々御城米を廻され、或御城金ヲ以急を弁られ、彼是漸御取つゝきの事ニ候得共、今年ニ至て御切米等も難相渡、御仕置筋之御用も御手支之事ニ候、それニ付、御代々御沙汰無之事ニ候得共、万石以上之面々より八木差上候様ニ可被　仰付思召、左候ハねは御家人之内数百人、御扶持可被召放より外は無之候故、御恥辱を不被顧、被　仰出候、高一万石ニ付八木百石積り可差上候、……〈中略〉……　依之、在江戸半年充被成御免候間、緩々休息いたし候様ニ被仰出候

何も在府之儀ニ付ては、江戸人多ニも候間、此以後在府之間も少キ儀候條、可成程は人数可被相減候

一万石について百石の上納、および参勤交代の江戸滞在期間を半分とする。――中学・高校で必ず学習する「享保の改革」の代表的政策として御馴染のあの法令。「上米の制」。読者の皆さんも、思い出される方が多いだろう。

ただ、青地麗澤はこの申し渡しの文言に違和感を覚えた。「先生が手を入れられたようには思えないのですが。作り直しをなさったのでしょうか」と。鳩巣は次のように答えている。

実は、文面は少しもお見せくださらなかったのだ。「御恥辱を顧みず」などとあるのは、必要のない文で、後世、批判も出てしまうのではないか。「御文盲」でいらっしゃるので、ただ率直に、お考えそのままを、文章に書かれたのだが、旗本の中には、諸大名の風俗が悪いために、謀略でわざとこのようにお書きになったのでは、という者までいる。しかし、御謀略ではない。真から一大事と思われているのである。近習や役人に対して、別に出された紙面でも、諸大名へ同様なことを仰せ渡されており、非常に恥じておられたように見えた。二通とも御自身の御文言で、少し御自慢のように、聞いている。

鳩巣にすれば、最大の権威を持つ将軍たる者が、下の者に低姿勢になり「御恥辱を顧みず」などと言うべきではなく、吉宗に学問が無いからこのような書き方をしてしまったのだと、当惑しているようだ。将軍自ら、率直に幕府の財政窮乏をさらけ出すという前代未聞の事態に、旗本の中には、何か裏があるのではないかと考える者まで出てきたのである。しかし、これは第二部第一章で見てきた、将軍らしからぬ、フットワークが軽く、大胆な吉宗の性格がにじみ出た、申し渡しといえるのではないだろうか。紀伊国の大名だったからこそ諸大名の気持ちを鑑み、吉宗は、「将軍である私がここまで腹を割ったのだから、お前たち頼むぞ」というメッセージを込めたかったのであろうし、それが表現できたことで、自分の文章に御満悦だったのである。ただ、それこそが、鳩巣にすれば、筋違い、なのだ。諸大名の納める領地は、将軍の領地であるのだから、お願いするという姿勢は不適切であり、それは将軍の権威を損なうものだ、と。吉宗にしてみれば、「そんな堅いことは言わずに、実《じつ》をとろうではないか」というところだろう。

鳩巣の話を聞いて、麗澤も言う。「御自身の罪を認められるお気持ちは、非常にありがたいことと存じます。しかし、法令の文章もまた、大事なことでございます。天下一同が感動するような文言もあるのですから、これでは残念に存じます」。吉宗の気持ちは、ありがたくもあるが、法令にはその内容だけでなく、その文言により人々を感激させ、人心を掌握するということもある。その面も鑑みて、もう少し書きようがあったのではないか、というわけだ。

儒学者を当惑させ、旗本を勘ぐらせたこの仰せ渡しは、これまでの将軍にはない吉宗の個性そのものであった。

上米の制と水戸藩主徳川宗尭

「兼山秘策」を読んでいると、鳩巣は、参勤交代制度については議論しているが、具体的な上米の制の内容について、下問に与っている様子はみられない。こちらについては、尾張・水戸との話し合いの場では俎上に上り、特に水戸藩主徳川宗尭の発言があったとの噂が流れている。前節に挙げた、六月二十六日の密談である。

この時宗尭は、宝永二年（一七〇五）七月十一日生まれの十八歳。高松藩三代藩主頼豊の実子で、三代水戸藩主綱條の養子となり、四代を継いだ（一五頁「系図1 徳川将軍家略系図」参照）。性質が殊の外「御発明」で、「西山黄門様（水戸光圀）の再来」と言われていたという。歴々の間にまで流れていた噂は次のようなものであった。

つまり、初めは吉宗が、諸大名より石高の十分の一の上納を仰せ付けようとしていたところ、宗尭が反対して、百分の一になったのだ、と。

ただ、このようなことはあり得ない、と鳩巣はいう。吉宗は当初から、借米は非常に軽くして、切米の不足、新田開発、水害防止施設設置の費用さえ補えれば良い、と考えていた。諸大名も最近困窮しているのだから、幕府とともに余裕ができるようにしたいとのことで、参勤交代も特に諸大名のために良くなるよう改めたい、との意向だった、と。

ここまでの吉宗の動向を見る限り、鳩巣の見解の方が信頼できそうである。

また、借米を十分の一とすることを提案したのは老中で、吉宗はそれを用いなかったとのこと。宗尭の答えが非常に素晴らしく、吉宗が何度も褒めていた、との話もあったが、真偽は不明とか。のちに鳩巣が得た情報によると――二十六日に、宗尭が江戸城から屋敷に帰ると、高松時代から仕えていた守役の老人が側に来た。

守役「御用の筋を、私の様な者が承りたいと申し上げるのではありません。ただ、どのようにお返事されたのでしょうか。問題がないようでしたら、お聞かせくださいませんか」

宗尭「御用のことは内談であるので話すことはできない。尾張殿が、『御代にないことではございますが、段々御詮議をされた結果、御決めになったことですので、私共に何の考えがございましょうか』と申し上げられたので、『尾張殿のおっしゃるように、詮議を重ねてお決めになった上で、私共の考えをお聞きになったのですから、ほかに考えはございません。ただし、大切な御相談のことですので、退出の後に、追って考えがあれば、申し上げることにしたく存じます。尾張殿、いかがでしょうか』と御挨拶をしたところ、上様は『水戸の考えは一段と尤もである。急いでのことでもないので、追って、然るべき考えを申し上げるように』とおっしゃった」

古参の爺が、若い主君が吉宗の前でうまく振る舞えたのか、心配のあまり、飛んできた、ということだろうか。このエピソードはこの守役から直接話を聞いた者から鳩巣にもたらされている。信憑性はありそうだが、これだけでは、内容がわからない。ただ、参勤交代制度の緩和と上米の制という、前代未聞の政策を実行するに当たり、御三家の意見を聴取したのは間違いのないところだろう。また、鳩巣への下問についても、「兼山秘策」で見る限りでは、はじめこそ財政の打開策の提案を求めてはいるが、メインは「参勤交代の緩和」の妥当性について、集中して尋ねているようだ。一方で上米の制について具体的に下問した様子はみられず、老中らと議論しているようである。疑問点が出てくれば、適切であると自ら判断した人物にそれぞれ尋ねながら、あくまでも自分で立案・実行するという吉宗の政治姿勢が、鮮やかに見えてくる。

そのような吉宗政治は、鳩巣の目にはどのように映っていたのだろうか。

麗澤、鳩巣に吉宗政治の評価を問う

享保七年（一七二二）十月末、麗澤は、鳩巣に次のように尋ねた。

当主御在位以来、しばらく議論していませんでしたが、当春以来の施政まで見ても、とにかく非凡な英主であることは、間違いありません。その上、聖賢の道を信じられていると見え、先生へも御知遇の御様子、いよいよ頼もしいことでございます。

しかし、俗人のことですから、世上の毀誉はあい半ばしており、はなはだしくは、落首秀句にして醜悪をきわめています。しかしながら、このような輩は、商人、あるいは旗本の中でも勝手気ままな者が悪口を言っているのです。少し穏やかな者たちは、そのようなことはありません。綱吉・家宣時代の弊害を御受けになっているので、普通のやり方では、何の効果も出ないと申します。大いに将軍家を御再興されているように思います。先生はどうお考えでしょうか。

麗澤の吉宗評は、なかなかなものだ。しかし、世間の毀誉は相半ばし、商人や旗本の一部は落首などで批判しているとか。鳩巣は、批判については、積もり積もった弊害を改めるときは、善いことであっても一旦皆の耳目を驚かせるので、誹謗が起こるものだから、気にする必要はないという。しかし、鳩巣には、別の懸念材料があった。吉宗の政策の一つの柱とも言える、「倹約」が、「聚斂《しゅうれん》」の道を開いている、というのだ。「聚斂」とはいかなる意味だろうか。『日本国語大辞典』をひも解くと「支配階級に属する者が、人民に対して、苛酷な取り立てを行なうこと」とある。また、『大学』の一節の「百乗之家、不畜聚斂之臣。与其有聚斂之臣。寧有盗臣」から「聚斂の臣あらんよりむしろ盗臣あれ」という言葉もあり、「人民を疲弊させ、民心の離反を招く苛酷な行政官よりは、主家の財をかすめとって私腹を肥やす者の方が、為政者にとって、まだ害が少ない」という意味がある。つまりは、倹約が、幕府による支配下の者への搾取になる危険を指摘しているのだ。

鳩巣によると、その筆頭は、勝手掛老中の水野忠之だという。この水野こそ吉宗が最初に任命した老中で、井上正岑の全盛時代には、よく井上と対立していた。このころの老中は、前代からの戸田忠真と、享保七年五月二十一日に就任したばかりの安藤信友との三人体制であった（一四七頁「表2　老中一覧②」参照）。

水野は老中の権力をもって、聚斂に専念しているので、勘定奉行もそれを支持し、有馬氏倫も「さほど学識が無い〈指て学識も無之候〉」ために、さしあたり水野の言う方へ傾いてしまうのだとか。

支配者を豊かにすることが、支配される側の困難になってしまうと、それは支配関係の破綻へ繋がる。水野は、「幕府の利益」を考えるあまり、国家全体の事が見えにくくなっているようだ。それに周囲の者も気付かない。幕府財政の建て直しで、頭がいっぱいなのだろう。

この現状を、鳩巣に語ったのは、鳩巣の門人でもある勘定吟味役の萩原美雅であった。現在、勘定所の内部で、聚斂が国家のためにならないと認識しているのは、この萩原一人であるという。最近も水野の提示した課税案に、萩原が反対の意見を述べたところ、水野は不遜な言葉を口走ったとか。勝手掛老中に対して、格下の勘定吟味役が反論してきたことに驚いたのだろう。片や萩原は、鳩巣に「十年前までであれば、なかなかこれほどのことを言うことはできませんでしたが、確かに正しくないと考えたことについて、発言できたのは、みな先生の教誨のおかげです」と述べていたという。

ここで、麗澤と鳩巣の会話はいったん中断して、萩原と水野の対立について詳しく見ていきたい。この会話の後、翌八年正月にも萩原と水野の議論が勃発した。享保七年から実施されていた、切米取から百俵について金四両ずつ借り上げ、後に返却する政策について、萩原が水野に反対意見を申し入れたのである。つまり、昨年までとは違い、今年の米の値下がりは近年まれに見るものであり、諸大名に対して上米の制を仰せ付けられたのであるから、切米取からの借り上げは、取りやめてほしいとのこと。

水野は顔色を変え、勘定吟味役でありながら、そのように考えるとは、「悪しき心掛けである」、と萩原を叱りつけた。経済官僚であるのだから、少しでも幕府の経済状態が好転することを考えるべき、ということだろう。了見の狭い「聚斂の臣」そのものの発言の様に聞こえる。萩原は重ねて、来年の収納高も計算し、不足が出ないように考えるので、このことを申し上げたのだ、と反論する。地方取はみな石高が多いのにそちらからは取らないで、切米取から借り上げるのは、道理に合わないのではないか。諸大名は、参勤交代の緩和で、上納金はあっても経済面は好転している。つまり、現在困っているのは切米取である、と。その時は、水野も返す言葉に詰まったのか、有馬も賛成しないだろうから、話してみるように、と述べた。有馬も水野同様に激しく機嫌を損じ、「あなたの役では特に了見違いです。『水野殿の申される通りに私も考えますが、それは成り難いこと』と申されてこそよろしいのに。いらざることを」との申し様で、萩原も、閉口した。

ただ、ここで注目しなければならないのは、有馬は萩原の意見の中身を批判したわけではない点である。水野にストレートに意見をする姿勢に、クレームを付けているのだ。勘定吟味役は享保四年より評定所にも出席するようになるなど、格は上がっていたものの、勝手掛老中に正面から意見するなどとは……。これから思い出されるのは、第二部第二章で、老中久世重之から、御奉公の筋と役儀の筋について説かれた、有馬自身の姿ではないだろうか。鳩巣の教えのおかげで、自分の信念を老中相手に堂々と述べることができたと、胸を張る萩原に、老中と勘定吟味役の立場の差を説き、分をわきまえるように、過去に同様なことをした有馬が、たしなめている図が面白い。しかし有馬には、一方で、萩原の姿は、信念を真っ直ぐに吉宗に語る鳩巣と重なって見えていただろうし、吉宗が優れた意見は、どのような役の者が述べたことでも、喜んで耳を傾けることもよくわかっていた。そのためか、有馬は、機嫌は損じている様子だったものの、吉宗に萩原の意見を伝えた。すると翌日、水野に再吟味が命じられたのである。吉宗は、切米取から借金をしないで済む案があればぜひ、とのことだったのである。

重ねて、萩原を召し出した水野は、吉宗が萩原の案に耳を傾けたことに苛立《いらだ》っていたのか、無理難題を言ってきた。来年の収納に風水害による損耗があり、または諸国廻船に難渋しても、少しも問題が無いような案を出すように、と指示したのである。萩原は、そのようなことは予測不可能で、あくまでも災難が無い場合の案を出すことしかできないとし、何か変事があればその都度臨機応変に対応する、と答えたところ、水野は次のように言い放った。

荻原近江守（重秀）が、口先ばかりで、何の見通しもないことを申し述べたところ、老中に問い詰められて、後へも先にも行かないことを申し出た。そなたの申し様はすべてその類である。

――荻原近江守利口過候て、何之図も無之儀共を申述候処、老中に被問詰候ては、跡へも先へも不参事共を申出候、各の申様皆其類にて候

荻原重秀は、綱吉政権期に、長崎貿易や貨幣改鋳、運上金賦課などに成果を上げた経済官僚だが、新井白石に三度も弾劾されるなど、批判を集めた人物でもあった。彼のやり方と同じだと言われたのである。なかなか乱暴な言い草だ。もちろん、萩原は黙ってはおらず、次のように反論した。

近江守の不届きなやり方はあまねく人々が知っていることです。私がこの御用を務めますのに、近江守のやり方をまねることはございません。考えなしで、今回の借金には及ばないと申し上げているのではまったくありません。

――近江守不届之仕形は徧く人の存したる儀に御座候、私儀此御用相勤、近江守仕形を似せ申儀

は無御座候、無考儀にて此度之御借金には不及儀と申上候事にては一円無御座候

しかしながら、萩原の抗弁虚しく、その後の吟味では、去年と同様、切米取から一律百俵について四両ずつ借り上げることに決定。萩原は、憤慨して嘆いたという。

「聚斂の臣」が、幅を利かせているようである。

話を、享保七年十月の麗澤と鳩巣の会話に戻そう。麗澤は聞いた。

「御恥辱も顧みず」と天下の金銀をお借りになり、またこの度は切米衆へ百俵に四両ずつ来年までお借りになるなど、特に天下の聞こえも悪いように思います。また真に困窮している者たちが多くいるのです。これはどのように対処したらよいのでしょうか。

鳩巣は苦笑い。この借金・借米が、様々な悪口が止まない原因なのだという。そして、確かではないが、と断った上で話し始めた。家康の時代、幕府は豊かで、佐渡国をはじめ、天下の宝山が一時に開き、おびただしい金銀を蓄えることができたので、黄金六百

枚を分銅一枚として鋳した。林道春に命じて一枚一枚銘を彫り、子孫に至り、国家の大事が起こった時にのみ取り出し、普段は使用しないようにとの意向を記した。それは三百六枚に達したのである。しかし、綱吉の時代に、すべて普段用に使ってしまった。その後、富士山の噴火の際の、砂除金などの災害の臨時支出などもあり、現在の財政苦に至っているのである。このたび、この分銅を御先祖の旧式に習うようにと、六枚作ったという。家康の時代でさえ、あまり必要なかったのに、現在は、無益な分銅は瓦石のようになってしまうのは明らかなのだが、そのことを上様は御存じない、と。

目下財政苦であるのに、すぐには使えない貯蓄を始めている、ということか。なにやら雲行きが怪しくなってきたようである。しかし鳩巣は、最後に次のように述べた。

現在の様子は、海のものとも山のものとも決め難い。天のみぞ知る。ただし、良い方が多いように思う。後醍醐天皇の時、御政務が人望にかなわず、楠正成が種々諫言を奉り、策略もめぐらしたけれども、その効果が無かった。その時正成に誰かが、「天下は、どうだろうか」と尋ねたところ、「わが身は不肖ではあるが、未だに生きているので、運はあると思う」と答えたという。しかし、ついに湊川で戦死した。

正成は名将のため、一言をもってその信用を得、その効もあった。私は正成のまねをするのではないけれど、「似合いの知己の主を奉った上は、そうであるうちは、まずは安心だ」と思う。何か変事があれば、それまでである。

――只今の様に、海の物とも山のものとも難決候、天命の所在と被存候、但善き方は多き様に存候、後醍醐天皇の御時、御政務人望に叶不申、楠正成種々諫言も奉り、謀略も運し候へ共、其効無之候に付、誰やらん天下は如何と相尋候へば、身不肖に候共某いまだ世に罷在候と御聞候はゞ御運は可全と可被存候と答申由に候、然に終に湊川にて戦死仕候、楠は名将の事故、一言を以其信を取其効も有之候、私楠真似を申にては無之候へ共、似合に知己の主を奉得候上は、斯様に仕罷在候内は先心安可存候、何とぞ変も候はゞそれまでと可存候

そして、鳩巣は笑ったという。

吉宗政治。現時点では、何とも言えないけれど、良い部分が多いでしょう。私の考えをよくわかって下さる上様がいらっしゃる内は、いや上様が私の考えを理解して下さっている内は、大丈夫。――政治は、天命次第と言いながら、自分は楠正成気取りの鳩巣。その不敵な笑みは彼の自信を示していたのかもしれない。

◇◇◇◇◇◇◇

さて、鳩巣の笑顔を最後に、彼に導かれた、家宣政権期の終わりから吉宗政権期半ばまでの、幕府の政治世界の旅に、ひとまず幕を下ろしたい。

鳩巣や麗澤の筆先から紡ぎだされた、三人の将軍をめぐる徳川幕府中期の政治世界は、様々な人間模様に彩られていた。政治家というより学者然とした六代将軍家宣。彼は幼い息子を思う、悩める将軍でもあった。彼を将軍になる前から支え続けた忠実な側近間部詮房と、儒学の師新井白石。二人は、家宣の信頼に支えられ、政策立案に奔走するが、新興勢力の台頭は、老中を筆頭とする譜代の幕臣たちにとって、面白いものではなかった。家継政権期になると、間部は一心に慕ってくるかわいらしい将軍に仕え、家宣の遺言を胸に、白石を右腕として奮闘を続けるが、老中たちに阻まれ、ことはうまく運ばなくなっていく。ベテラン老中土屋政直は、儒学者林信篤と組み、権力を取り戻すことに奔走しはじめる。大老井伊直該・老中秋元喬知など、間部らに理解ある幕閣もいたが、多くの大名・旗本は、間部や白石を嫌っていた。そこには、多分に感情的なものも含まれていたと考えられる。例えば儀式の際、大広間で将軍に面会する大名は、襖の敷居に立つ将軍に平伏するのだが、家継の場合は、間部に抱かれていたのである。自動的に間部にも平伏する形になってしまうのだ。その様なところにも、面白くない気持ちはふつふつと生まれてくるだろう。

政治的意思のない幼少将軍では、後ろ盾としては、不十分であり、幼少将軍だからこそ余計に側近に対する風当たりが強くなったのである。二人は、家継の死とともに、政治世界から去ることになる。代わって、将軍となった紀伊藩主吉宗は、質実剛健で破天荒。強いリーダーシップを発揮する吉宗の側近有馬氏倫・加納久通に、老中たちはすり寄っていくが、そんな中、久世重之だけが、有馬に分のわきまえ方を説いた。吉宗は、老中以下諸役人、はては庶民に至るまで、彼らの声に耳を傾け、多くの人々から英知を集め、自ら考え、実行していくのであった。その中に鳩巣もいた。その信頼を得た鳩巣は、水を得た魚のように、生き生きと自らの考えを語るのであった。

この三人の将軍の時代の権力構造を、側近と老中の関係から整理してみよう。家宣政権期は、家宣が、将軍に就任する前から師事している新井白石に学び、その指針に導かれ、信頼する側近間部詮房に助けられながら、政策を立案し、老中らはそれを追認する形で政治運営がなされていた。この方法では、朝鮮通信使の例にも見られたように、担当老中が納得していないことでも実施されていた。老中の考えが、直接政策に反映されない構造になっていたのである。

家継政権期となり、家宣の意向で、間部と白石を尊重する政治運営が行われるはずだったが、この世にいない家宣は後ろ盾とは成り得ず、幼少将軍家継では、間部・白石の政策運営の権威付けには不十分だった。それまでは、政治的意思のある家宣の決定だからこそ、老中らは、自らが納得していない政策が実施されても認めざるを得なかった。しかし、幼少将軍は、自ら政治運営能力はないために、老中らの納得できない政策は、前将軍家宣の方針から決めたと間部らが主張しても認められるものではなかった。家宣時代に新興成り上がりの者たちに、好いようにされたという老中らの嫉妬もあったことだろう。政治の舵取りは、亡き先代家宣の権威を大義名分にしても、間部や白石の思う通りにはならなくなっていった。

吉宗は将軍になると、幼少将軍時代が招いた政治構造の変容に、すぐ対応した。つまり、間部・白石が直面した、新興成り上がりの越えられない壁を理解し、自らの側近はあくまでも側衆の一部としての立場に置いた。また、幼少将軍の後ろ盾として大奥の力が強くなっていたことから、大奥と表向との間に明確な線引きを心掛けてもいる。そして、家宣のように、信頼した特定の人物に頼ることなく、すべての幕臣から庶民（本書では取り上げなかったが、目安箱の設置はその好例）に至るまでをブレーンとし、老中を通さず、直接意見を募った。彼らを適材適所に用いながら、あくまでも手綱は吉宗が握った。だからこそ、将軍側近は、側衆の格でも十分だったのである。吉宗が、自らの側近を高位につけなかったのは、老中らを慮《おもんぱか》っただけではなく、その必要もなかったからであり、高位に奉り上げなかったことにより、下級の家臣の意見までも吸い上げることのできるパイプ役にも成り得たのである。吉宗は、名実ともに為政者であり、その政治は「吉宗政治」であった。

鳩巣の見た、家宣・家継・吉宗。三人の将軍の個性の違いが、それぞれの時期のカラーである。幕府政治権力は、将軍権力そのものだといえよう。その政治世界は、まさにそこに居る人間の情熱、嫉妬のエネルギーや、ときにはあきらめなどの感情の交錯から、動かされているように思えてならなかった。室鳩巣という一人の儒学者の定点観察だからこそ見えてきた、ミクロではあるが濃密な、江戸時代の将軍側近や、幕府官僚らの織り成す世界に、読者のみなさんは、現代の政治世界の何を見ただろうか。

あとがき

数年前のこと。私は、熊本市役所内にある歴史文書資料室で、永青文庫史料の写真帳をめくっていた。史料名は「上書」。熊本藩主に対して家臣が献上した進言書を集めたものである。

しばらくすると突然「兼山秘策」という字が、目に飛び込んできた。本書を執筆するための史料調査ではなく、全くの偶然だった。

これは、何だろう。――

その史料は、文政九年（一八二六）三月九日から万延元（一八六〇）年四月十七日まで熊本藩主であった細川斉護《なりもり》にあてて、側取次の大槻弾蔵が送った書状であった。年月日は「八月」としか書かれていないが、大槻は、天保二年（一八三一）には側取次の地位にあったことが確認でき、安政六年（一八五九）に死去しているので、その期間のどこかで書かれたものだろう。ちなみに、大槻の人物像については、同じく上書の中にある、楯岡七左衛門・稲津久兵衛という二人の奉行が、斉護に大槻を側取次に推薦している書状に、慎み深く温厚、平易で温良、学問もある上、筆道も達者、とあり、人柄も穏当で、学問への造詣が深い人物であることがうかがえる。

その書状は、大槻が目付の鎌田甚吉から「兼山秘策」を借りた話に始まる。これは鎌田が特に重要だと思った部分を抜粋した、抜書であった。鎌田は、吉宗が幕閣に限らず、下々に至るまで、政治に対するアドバイスを求め、自分の考えるところをためらうことなく皆に明らかにすることで、下々の者まで意見を述べやすくするような環境を作った政治手法について注目し、抜書を作成していた。

大槻は、書かれていることは、大小問わずすべて、普段手近にある問題と多くのことが一致するので、当時と今、天下と一国、というように、時と場合を考えながら、論じることによって、藩政に有効活用できると考えた。藩主にとっては、近習に読ませ、御前で討論をさせることで、その言行や人となりをも見ることができる。近習の者には、励みとなり、政治的なことにも明るくなり、学問に取り組むようになる。それが、外にも伝わっていくことで、命令をするよりも効果があがり、家臣皆が志をたて、国許でも一統興起して、法度を厳しくすると考えられる、とその利点を力説。ただ、あらたまって御前で、となると、家臣たちは考えを申し上げにくいだろうから、普段の雑談の合間や、時には、奥で娯楽の合間にでも、気楽に行うのが良いのではないか、とその活用方法にまで、言及している（永青文庫所蔵「上書　五五」）。

時代を超え、地域を超えて、「兼山秘策」が読み継がれ、政治手法の御手本として生かされようとしていることが良くわかる。残念ながら、熊本藩でこの後どうなったのかがわかる史料は「上書」の中には見当たらなかった。ただ、鳩巣が手紙を書いていた時には思いもしなかった所にまで、「兼山秘策」は広がりを見せていたことは確かである。

熊本藩主細川斉護にとっての「兼山秘策」との出会いは、家臣の献上本であったが、私の場合は、東京女子大学二年生の時、「史籍史料講読」（大森映子先生）という授業の中で、取り扱われた史料の一つとして、であった。そして、それでは終わらなかった。

その後、お茶の水女子大学大学院で、再会を果たす。大口勇次郎先生のゼミで、前々から「兼山秘策」の輪読が継続して行われていたのである。難解な所は皆で考え、時に写本で確認しながら格闘する実に楽しく刺激的なゼミだった。大口先生が御退職されるまで、私にとっては四年間、この輪読は続いた。

ある時先生は、ゼミの中で、「兼山秘策」は、様々な研究で部分的には取り上げられているが、全体を通しての本格的な研究はない、という意味合いの事をおっしゃった。

「誰か、やりますか?」

先生はニコニコして、そんなことを言われたように、記憶している。

前著『将軍側近　柳沢吉保――いかにして悪名は作られたか』(新潮社、二〇一一年)の執筆終了後、編集者氏に「何か次に面白いテーマはありますか」と問われた際に思い出したのは、この院生時代の記憶だった。思えば、不思議な縁である。

私は、日本近世政治史を研究している。その中で特に、誰がどのような思いで、いかなるやり取りの結果、政策が生まれ、施行されていくのか、という、「人」が、具体的にどのように政治を動かしているか、に注目している。室鳩巣という、徳川幕府に儒学者として仕え、政治の第一線の現場を身近に感じることができた人物からの情報が詰まった「兼山秘策」は、打って付けの史料だった。新書という舞台で、室鳩巣の見た政治世界を自由に描いてみたい、そう考えたのである。

「誰か」は、「私」なのか？　――先生の言葉を思い出した時は、気合十分だったが、「兼山秘策」の史料のコピーや、多少手元に残っていた院生時代のレジュメを見返してみても、記憶は遠く……。もちろん、院生時代に全部読破したわけではない。ただ、史料に書き込みが残っている箇所は、その頃に、読んでいるはずなのだが、全く思い出せないところもあった（先生、スミマセン）。

一方で、記憶が鮮明な部分もあった。「兼山秘策」を、教壇に立つようになってからも、時々自ら講義やゼミの教材としていたのである。東京女子大学で、まさに私が、この史料と出会った、二年生の授業を担当させていただいた時があった。十数人の受講生に、興味があるテーマを聞いてもさまざまで、輪読する史料の選択に悩むこととなったが、日本近世政治史の基本文献である『寛政重修諸家譜』『徳川実紀』の使い方を学ぶことができ、吉宗の政治という親しみやすい内容が含まれることから、「兼山秘策」に決定した。受講生たちは、興味を持って取り組んでくれたようで、自らの学部生時代を振り返り、感慨深いものがあった。現在、長崎大学でも、大奥や吉宗の時代について卒論を書く学生がいる年には、江島事件や上米の制、目安箱の部分を、ゼミ内で取り上げたりしている。そのような箇所については、学生が読解に躓いたところや、謎が解けてうれしそうな顔をしていたことまで含め、頭の中によみがえってきた。

とはいっても、それはごく一部のこと。総じて、一から史料と取り組むような新鮮な気持ちで、読み進めることになった。そして、あらためて手紙の魅力に心を摑まれた。前々著の『名門譜代大名・酒井忠挙の奮闘』（角川学芸出版、二〇〇九年）の時もそうだったのだが、気を許した相手への手紙からは、書き手の本音がほとばしる。「兼山秘策」の場合は、鳩巣から門人たちへ、青地兄弟同士、門人同士であり、そこかしこに、幕閣や社会への批判・皮肉・嘆きから賞賛、うきうきするような喜びまでが、披瀝されていた。その中に映し出される、三者三様の将軍の時代における幕閣たちの人間模様から、徳川政治のうねりのようなものが感じられたように思う。

「兼山秘策」は、江戸時代にも写本が流布し、幕府が寛政期に編纂をはじめた『徳川実紀』に引用されていることをはじめ、数々の新井白石の研究や、徳川吉宗の人物像を語る際には、欠かせない史料として、これまで多くの先人たちが取り上げてきた。本書は、その成果に学びつつも、三人の将軍の時代を通して、鳩巣の見つめた幕府政治の定点観察という切り口から、新たな分析を試みた。紙幅の都合上、取り挙げることのできなかった興味深いテーマは多くある。それは今後の課題として、院生時代に先生から出された宿題（と私が勝手に思っているモノ）への、第一回の途中経過報告に成り得ていたら、うれしい。

本書の完成までには、かねさは歴史の会（横浜市金沢区）の皆さまに、「室鳩巣の見た――」という室鳩巣シリーズの一連の講演を聞いていていただいた。そして、前作に続き、新潮社の内田浩平氏には、大変お世話になった。また、本書は、平成二十三〜二十六年度科学研究費　若手研究Ｂ「将軍側近から見た徳川幕府の政治構造」の研究成果の一部でもある。

関係する皆様、諸機関に感謝申し上げます。

二〇一四年十一月吉日

福留　真紀

●主要参考文献一覧

【史料】

室鳩巣著、青地兼山・麗澤編『兼山秘策』（滝本誠一編『日本経済大典』第六巻、明治文献、一九六六年）。

「江戸幕府日記」「間部日記」（国立公文書館所蔵）

「文昭院殿御実紀」「有章院殿御実紀」「有徳院殿御実紀」（黒板勝美編『徳川実紀』第七・八・九篇、吉川弘文館、一九九九年）

新井白石著、松村明校注『折たく柴の記』岩波書店、一九九九年。

新井白石著、市島謙吉編輯・校訂『新井白石全集　第五』一九〇六年。

金井圓校注『土芥寇讎記』新人物往来社、一九八五年。

鈴木棠三編『対馬叢書第四集　郷土史料　対馬人物志』村田書店、一九七七年。

東京大学史料編纂所編『大日本古記録　新井白石日記』岩波書店、一九五三年。

高柳眞三・石井良助編『御觸書寛保集成』岩波書店、一九五八年。

松浦静山著、校訂『甲子夜話　二』平凡社、一九七七年。

『徳川諸家系譜』続群書類従完成会、一九七〇年。

『新訂　寛政重修諸家譜』続群書類従完成会、一九六四〜六七年。

『日本国語大辞典』小学館。

【参考文献】

大石学『大岡忠相』吉川弘文館、二〇〇六年。

木塚久仁子「『土屋蔵帳』と土屋家の茶の湯」（『常総の歴史』第十五号、一九九五年）。

同「資料紹介『御代々様逸話』――土浦藩主の横顔」(『土浦市立博物館紀要』第十一号、二〇〇一年)。

同「資料紹介『有言録』――土浦藩主の横顔」(『土浦市立博物館紀要』第二十一号、二〇一一年)。

ケイト・W・ナカイ著、平石直昭・小島康敬・黒住真訳『新井白石の政治戦略――儒学と史論』東京大学出版会、二〇〇一年。

鈴木康子『長崎奉行の研究』思文閣出版、二〇〇七年。

深井雅海『徳川将軍政治権力の研究』吉川弘文館、一九九一年。

同『江戸城――本丸御殿と幕府政治』中央公論新社、二〇〇八年。

同『日本近世の歴史③　綱吉と吉宗』吉川弘文館、二〇一二年。

福留真紀『徳川将軍側近の研究』校倉書房、二〇〇六年。

同「6代家宣から7代家継へ」(『歴史読本』編集部編『徳川15代将軍継承の謎』株式会社KADOKAWA、二〇一三年)

藤井譲治『江戸幕府老中制形成過程の研究』校倉書房、一九九〇年。

藤田覚『日本近世の歴史④　田沼時代』吉川弘文館、二〇一二年。

松尾美恵子「将軍御台所近衛熙子(天英院)の立場と行動」(『歴史評論』七四七号、二〇一二年)。

宮崎道生『定本　折たく柴の記釈義』近藤出版社、一九八五年。

山本博文「総論　将軍権威の強化と身分制秩序」(同編『新しい近世史1　国家と秩序』新人物往来社、一九九六年)。

同『参勤交代』講談社、一九九八年。

同『対馬藩江戸家老』講談社、二〇〇二年。

国立歴史民俗博物館企画展示『行列にみる近世―武士と異国と祭礼と―』図録、二〇一二年。

年号		西暦	月	日	齢	出来事
明暦	3	1657	1	18		明暦の大火。
万治	元	1658	2	26	1	室鳩巣、江戸谷中に生まれる。
宝永	元	1704	12	5	46	5代将軍徳川綱吉、甥の甲府藩主徳川綱豊（家宣）を養嗣子とする。
	2	1705	1	7	47	間部詮房が、西丸（家宣付）側衆に就任する。
	6	1709	1	10	51	5代将軍徳川綱吉、死去（64歳）。
			4	6		幕府が、旗本の子弟を７００人余り召し出す。
			5	1		徳川家宣（48歳）、6代将軍に就任する。
	7	1710	4	15	52	幕府が、武家諸法度（宝永令）を公布する。
			12	15		本多忠良、従四位下、御側の諸事を見習うように申し渡される。
正徳	元	1711	3	25	53	室鳩巣、新井白石の推挙で、徳川幕府の儒学者となる。
			9	23		幕府が、新井白石に武蔵国川崎で朝鮮通信使との面談を命じる。
			12	21		長福君、誕生。
	2	1712	10	14	54	6代将軍徳川家宣、死去（51歳）。
	3	1713	4	2	55	徳川家継（5歳）、7代将軍に就任する。
			7	26		尾張藩主徳川吉通、死去（25歳）。

正徳	3	1713	8	29	55	徳川吉通の嫡男五郎太、尾張家の家督を相続する。
			10	18		尾張藩主徳川五郎太、死去（3歳）。
			11	11		徳川吉通の弟通顕、尾張家の家督を相続する（22歳）。15日、家継より一字拝領、「継友」と改名。
	4	1714	1	12	56	大奥年寄の江島（絵島）・宮地（宮路）が寺社参詣と偽り、木挽町の芝居小屋に行き、「薄暮に及びて」帰る。
			3	5		江島、遠島を始め、江島事件の関係者の処罰が下る。
	5	1715	1	11	57	正徳長崎新例（海舶互市新令）が出される。
			9	29		家継が、霊元法皇内親王八十宮吉子と婚約する。
	6	1716	4	30	58	7代将軍徳川家継、死去（8歳）。
			5	16		間部詮房、新井白石ら罷免される。
享保	元		8	13	59	紀伊藩主徳川吉宗（33歳）、8代将軍に就任する。
			10	4		新井白石が、『折たく柴の記』を起筆する。
			11	28		幕府が、大奥19ヶ条を制定する。
	2	1717	1	22	60	小石川馬場辺より火の手が上がり、大火となる。
			2	3		大岡忠相が、江戸町奉行に就任する。

元号	年	西暦	月	日	年齢	事項
享保	2	1717	2	13	60	幕府が、本郷追分に鷹部屋を設置する。
			3	11		幕府が、武家諸法度を天和の制に戻す。
			6	28		幕府が、朝鮮通信使の待遇を天和の制に戻す。
			11	16		若年寄森川俊胤が役職を解かれる。
	4	1719	10	1	62	朝鮮通信使が、吉宗に拝謁する。
			11	2		幕府が、高倉屋敷で室鳩巣らに講義を命じる。
			11	5		相対済し令が出される。
	5	1720	5	9	63	萩原美雅、勘定吟味役に再任される。
			6	27		老中久世重之、死去（61歳）。
	6	1721	8	2	64	幕府が、目安箱を設置する。
			11	2		吉宗が、目安箱に政策批判を投じた浪人山下広内を褒賞する。
	7	1722	1	21	65	町医者の小川笙船が、養生所設立の建言を目安箱に投書する。
			7	3		上米の制が出される。
			12	4		幕府が、小石川養生所を開設する。
	8	1723	6	18	66	足高の制が定められる。
	9	1724	5	9	67	加賀藩主前田綱紀、死去（82歳）。

元号	年	西暦	月	日	年齢	事項
享保	10	1725	5	19	68	新井白石、死去（69歳）。
享保	10	1725	7	5	68	幕府が、御家人に目安箱への投書を禁止する。
享保	10	1725	12	11	68	室鳩巣、西丸の奥儒者となる。
享保	12	1727	2	25	70	白木屋お駒（熊）、処刑される。
享保	13	1728	4		71	吉宗が、日光社参を行う。
享保	14	1729	4	21	72	幕府が、将軍の御落胤を称した源氏坊天一（天一坊）を鈴ヶ森で処刑する。
享保	14	1729	5	25	72	ベトナム象が、長崎から江戸の浜御殿に到着する。27日に吉宗に拝謁。
享保	14	1729	12		72	相対済し令が廃止となる。
享保	15	1730	4	15	73	上米の制が停止される。
享保	15	1730	6	12	73	勝手掛老中の水野忠之が罷免される。
享保	15	1730	11	10	73	吉宗の次男宗武が、田安家を創設する。
享保	17	1732	6	1	75	林信篤、死去（89歳）。
享保	19	1734	8	14	77	室鳩巣、死去。

福留真紀　1973(昭和48)年東京都生まれ。長崎大学准教授。東京女子大学文理学部卒業。お茶の水女子大学大学院博士後期課程修了。博士(人文科学)。著書に『名門譜代大名・酒井忠挙の奮闘』など。

Ⓢ新潮新書

598

将軍《しょうぐん》と側近《そっきん》

室鳩巣《むろきゅうそう》の手紙《てがみ》を読《よ》む

著　者　福留真紀《ふくとめまき》

2014年12月20日　発行

発行者　佐藤隆信

発行所　株式会社新潮社

〒162-8711　東京都新宿区矢来町71番地
編集部(03)3266-5430　読者係(03)3266-5111
http://www.shinchosha.co.jp

図版製作　ブリュッケ

印刷所　錦明印刷株式会社

製本所　錦明印刷株式会社
©Maki Fukutome 2014, Printed in Japan

乱丁・落丁本は、ご面倒ですが
小社読者係宛お送りください。
送料小社負担にてお取替えいたします。

ISBN978-4-10-610598-2　C0221

価格はカバーに表示してあります。

Ⓢ新潮新書

419
将軍側近　柳沢吉保
いかにして悪名は作られたか
福留真紀

黒幕として辣腕をふるうダーティーな政治家――。小説やドラマに登場する「柳沢吉保」像は、本当なのか？　史料を丹念に読み解き、新進の歴史家が真実に迫る。

005
武士の家計簿
「加賀藩御算用者」の幕末維新
磯田道史

初めて発見された詳細な記録から浮かび上がる幕末武士の暮らし。江戸時代に対する通念が覆されるばかりか、まったく違った「日本の近代」が見えてくる。

414
日本人の叡智
磯田道史

先達の言葉にこそ、この国の叡智が詰まっている。日本史にその名を刻む九十八人の言葉と生涯に触れることで、日本人であることの幸福を実感できる珠玉の名言録。

101
横井小楠
維新の青写真を描いた男
徳　永　洋

坂本龍馬、吉田松陰、高杉晋作ら幕末の英傑たちが挙って師と敬い、勝海舟に「おれは天下で恐ろしいものを見た」と言わしめた陰の指南役――。波乱万丈なるその生涯を追う。

119
徳川将軍家十五代のカルテ
篠田達明

健康オタクが過ぎた家康、時代劇とは別人像「気うつ」の家光、内分泌異常で低身長症の綱吉……最新医学で歴代将軍を診断してみると、史実には顕れぬ素顔が見えてくる！

Ⓢ新潮新書

152 大江戸曲者列伝 太平の巻 野口武彦

歴史はゴシップに満ちている。正史にはない《陰の声》が、歴史の素顔をのぞかせていることもある。太平の世を大まじめに生きた曲者たち四十五人のおもしろ人物誌。

156 大江戸曲者列伝 幕末の巻 野口武彦

皇族・将軍からクリカラモンモンの無頼漢まで。巨大災害のような歴史変動の中で、切羽詰まった現場のナリフリ構わぬ姿に人の器が出る。幕末を駆け抜けた三十八人のドタバタ人物誌。

206 幕末バトル・ロワイヤル 野口武彦

改革失敗、経済混乱、飢饉に火事に黒船来航、未曾有の事件が頻発する中、虚々実々の駆け引きに翻弄される幕府首脳たち――。青雲の大志と権力欲が絡み合う、幕末政局暗闘史。

252 幕末バトル・ロワイヤル 井伊直弼の首 野口武彦

激動期には誰が政治権力を握るかが重要になる。条約勅許、将軍継嗣、地震、コレラなど問題が山積する中、偶然絶対権力を手にした凡人大老井伊直弼が幕末日本を混乱に陥れる。

297 幕末バトル・ロワイヤル 天誅と新選組 野口武彦

尊王対佐幕の対決は、急転直下、過激派浪士と新選組が死力を振って斬り合う流血の惨劇を招く局面に至る。テロの恐怖に幕府は消耗していく。『週刊新潮』好評連載の新書化第3弾！

Ⓢ新潮新書

408
幕末バトル・ロワイヤル
慶喜の捨て身
野口武彦

455
明治めちゃくちゃ物語
勝海舟の腹芸
野口武彦

548
明治めちゃくちゃ物語
維新の後始末
野口武彦

191
大奥の奥
鈴木由紀子

369
開国前夜
田沼時代の輝き
鈴木由紀子

大政奉還の成功で乾坤一擲の大博打に勝ち、討幕派を出し抜いたかに見えた慶喜だったが、最後の最後で痛恨の判断ミスを犯す。なぜ徳川は負けたのか。権力ゲーム最終局面。

デタラメな新政府、死に損ないの旧幕府……「政権交代」は150年前も大混乱だった！　最終決戦・戊辰戦争を軸に描く、教科書には載っていない明治維新の真実とは。

失業した武士をどうするか？　幕府の借金を返すには？　列強から国を守るには？　たった十年で日本を激変させた明治新政府の苦闘を描きながら、近代国家というシステムの本質に迫る。

そこは、将軍の寵愛と継嗣を巡る争いばかりでなく、時に表の政治をも動かす官僚機構でもあり、花嫁修業の場でもあった。十五代二百六十年、徳川将軍家に一生を捧げた女たちの秘密。

維新の百年前、日本の近代への助走は始まっていた。賄賂政治家として名高い田沼意次の斬新さと先見性に満ちた施政と、その開放的な時代に花開いた才能を通して田沼時代を俯瞰する。

Ⓢ新潮新書

447
江戸歌舞伎役者の〈食乱〉日記
赤坂治績

幕末の名優・三代中村仲蔵の自伝『手前味噌』には、旅興行で巡った諸国の珍品、名物の記録が数多く遺されている。江戸時代の食文化の豊かさが実感できる美味しい一冊。

495
「忠臣蔵」の決算書
山本博文

潜伏中の家賃、飲食費、会議費、そして武器購入費――大石内蔵助はあの「討ち入り」の費用詳細を帳簿に遺していた。一級史料をもとに歴史的大事件の深層を「金銭」から読み解く。

541
歴史をつかむ技法
山本博文

私たちに欠けていたのは「知識」ではなく、それを活かす「思考力」だった。歴史用語の扱い方から日本史の流れのとらえ方まで、真の教養を歴史に求めている全ての人へ。

312
天皇はなぜ生き残ったか
本郷和人

武士に権力も権威もはぎ取られた後、かろうじて残った「天皇の芯」とは何であったか。これまでほとんど顧みられることの少なかった王権の本質を問う、歴史観が覆る画期的天皇論。

091
嫉妬の世界史
山内昌之

時代を変えたのは、いつも男の妬心だった。妨害、追放、そして殺戮……。古今東西の英雄を、名君を、独裁者をも苦しめ惑わせた、亡国の激情を通して歴史を読み直す。

Ⓢ新潮新書

506
日本人のための世界史入門
小谷野敦
「日本人にキリスト教がわからないのは当然」「中世とルネッサンスの違い」など、世界史を大づかみする〝コツ〟、教えます——。古代ギリシアから現代まで、苦手克服のための入門書。

104
薩摩の秘剣
野太刀自顕流
島津義秀
桜田門外の変、寺田屋事件、生麦事件などで中心的な役割を果たし、幕末の歴史を切り開いた薩摩の下級武士たち。彼らを支えた最強の剣法の技と精神とは何か。その根源を探る。

132
虎屋 和菓子と歩んだ五百年
黒川光博
光琳が贈った、西鶴が書いた、渋沢栄一が涙した。その羊羹は、饅頭は、いわば五感で味わう日本文化の粋。老舗を愛した顧客と、暖簾を守った人々の逸話で綴る「人と和菓子の日本史」。

284
源氏物語ものがたり
島内景二
藤原定家、宗祇、細川幽斎、北村季吟、本居宣長、アーサー・ウェイリー……。源氏の魅力に取り憑かれ、その謎に挑んだ九人の男たちがつないできた千年を辿る、奇跡の「ものがたり」。

436
日本人の美風
出久根達郎
篤志、陰徳、勤倹力行、義理、諧謔、思いやり……この国には、不朽の礎がある。日本人ならではの美点を体現した人びととの凄みを、歴史の襞の中から見つけ出す秘話七篇。